2021 年国家统一法律职业资格考试



# 钟秀勇讲民法之主观题冲刺

# 2

钟秀勇　编著

中国商务出版社
CHINA COMMERCE AND TRADE PRESS

图书在版编目（CIP）数据

钟秀勇讲民法之主观题冲刺. 2 / 钟秀勇编著. -- 北京 :
中国商务出版社, 2021. 8

2021 年国家统一法律职业资格考试

ISBN 978-7-5103-3927-1

Ⅰ. ①钟… Ⅱ. ①钟… Ⅲ. ①民法－中国－资格考试
－题解 Ⅳ. ①D923－44

中国版本图书馆 CIP 数据核字（2021）第 159853 号

**2021 年国家统一法律职业资格考试**

**钟秀勇讲民法之主观题冲刺 . 2**

**钟秀勇　编著**

出　　版：中国商务出版社有限公司
地　　址：北京市东城区安定门外大街东后巷 28 号　　邮编：100710
责任部门：融媒事业部
责任编辑：薛庆林
总 发 行：中国商务出版社发行部（010－64266193　64515150）
网　　址：http://www. cctpress. com
邮　　箱：cctp@ cctpress. com
排　　版：北京唐人佳悦文化传播有限公司
印　　刷：三河市鑫鑫科达彩色印刷包装有限公司
开　　本：710 毫米 × 1000 毫米　1/16
印　　张：14　　　　　　　　字　数：270 千字
版　　次：2021 年 9 月第 1 版　　印　次：2021 年 9 月第 1 次印刷
书　　号：ISBN 978-7-5103-3927-1
定　　价：76. 00 元

凡所购本版图书有印装质量问题，请与本社总编室联系（电话：400－1880－360　010－64212247）。

# 法考 主观题加密课程获课流程

## PC获课流程

① 通过浏览器输入瑞达法考的网址进行搜索，进入瑞达法考官网首页。

https://www.ruidaedu.com

② 进入首页后，点击导航上的“主观题”进入专题页面。

首页　免费课堂　配套教材　瑞达讲师　…………　学习部落　**主观题**　机考模拟

③ 进入主观题专题页后点击 “加密课程” 进行登录。

（提示：若无官网账号，请先进行注册再登录）

④ 登录后需要刮开获课码，输入20位获课码将加密课程与账号绑定，完成后即可学习加密课程。

（提示：课程上传后才会生效，若已有获取的课程，则直接进入加密课程页面进行学习）

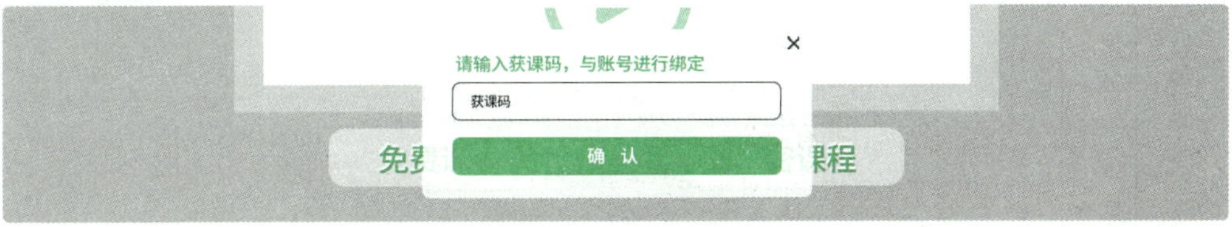


## APP获课流程

扫码下载“瑞达教育”APP。

（如手机应用商店无法检索，请联系客服获取下载途径）

扫码下载APP

点击“学习”进入学习模块

点击“+”进入课程获取界面

点击“图书产品”输入20位获课码，点击“→”课程获取成功后会跳转到学习界面

获课成功后，在“全部课程”或公开课中可查看，进入课程界面，点击目录选择课程进行听课。

# 目　录

第一部分　模拟题 ………………………………………… 1

题目一 ………………………………………… 1

题目二 ………………………………………… 20

题目三 ………………………………………… 37

题目四 ………………………………………… 52

题目五 ………………………………………… 67

题目六 ………………………………………… 79

题目七 ………………………………………… 97

题目八 ………………………………………… 112

第二部分　作答民法主观题（案例题）的方法论 ………… 131

附录：2016 年—2020 年民法主观题 ………………… 142

一、2016 年民法主观题 ………………………… 142

二、2017 年民法主观题 ………………………… 155

三、2018 年民法主观题（回忆版） ……………… 168

四、2019 年民法主观题（回忆版） ……………… 184

五、2020 年民法主观题（回忆版） ……………… 201

# 第一部分　模拟题

## 题目一

**案情：**【1】自然人甲、乙、丙出资设立了A公司。A公司独资设立了B公司，B公司登记的主要经营范围为医用产品的制造与销售。2019年12月1日，A公司、B公司与C银行订立《2020年度融资担保三方协议》约定："①2020年度，B公司可根据业务需要随时向C银行借款；②B公司以其现有以及将有的动产设立动产浮动抵押担保；③A公司向C银行提供最高额保证担保，担保的最高债权额为1亿元，保证方式为连带责任保证，保证期间为6个月（未约定保证期间的计算方式与起算时间）；④若B公司到期无力清偿基于《三方协议》对C银行的借款债务，C银行应当先请求A公司对全部借款债务承担最高额保证责任。"A公司就向C银行提供该最高额保证未召开股东会或者董事会形成决议，C银行于合同订立时知情。B公司与C银行于2019年12月5日办理了动产浮动抵押权的设立登记。

【2】未经C银行同意，2020年11月1日，B公司将1万套防护服（属医用产品）以市价出卖给"五湖医院"并交付。未经C银行同意，2020年12月1日，B公司将一套生产防护服的生产设备以市价出卖给"四海公司"并交付。

学有所记：

学有所悟：

学有所记：

学有所悟：

后，因B公司无力清偿基于《2020年度融资担保三方协议》对C银行负担的三笔借款债务（第一笔与第二笔借款分别于2020年11月1日和2020年12月1日到期；第三笔借款于2021年3月1日到期；三笔借款总额不足1亿元），2021年7月1日，C银行按约请求A公司承担最高额保证担保责任（此前，C银行未以任何方式对A公司主张过权利）。

【3】2020年10月1日，甲、乙订立《A房屋买卖合同》约定："甲将其A房屋出卖给乙，甲须于2020年12月1日前为乙办理完毕A房屋的过户登记。"2020年11月1日，甲又将A房屋出卖给丙，并于当日为丙办理了过户登记。此后，甲向乙建议解除双方的房屋买卖合同，乙不同意解除合同并要求甲想办法履行为乙办理A房屋过户登记的义务。如此僵持多日后，2021年3月1日，甲诉请法院依照《民法典》的规定判决解除甲、乙间的《A房屋买卖合同》，一审法院以甲属于违约方并且《A房屋买卖合同》的订立以及双方当事人争议的主要事实均发生于《民法典》实施以前为由判决驳回甲的诉讼请求，甲不服提起上诉，二审法院拟依照法律的规定直接判决。

【4】2022年3月1日，为担保A公司对"北海公司"的一笔2000万元的短期借款债务，B公司向"北海公司"提供连带责任保证担保（A公司对此以书面方式表示同意）。2022年6月1日，因A公司到期未偿还借款债务，"北海公司"诉请B公司承担连带责任保证，诉讼中，B公司以向"北海公司"提供保证担保时违反《公司法》关于公司对外担保决议程序为由主张不承担保证责任，法院未支持这一抗辩，判决B公司承担保证责任。因承担该保证

责任，致使B公司无力清偿对“南洋公司”于2022年7月1日到期的1500万元金钱债务。未起诉B公司，“南洋公司”于2022年8月1日仅以A公司为被告提起公司人格否认诉讼，诉请否认B公司法人人格并判令A公司对B公司的1500万元债务承担连带责任。诉讼中，A公司不能举证证明A公司与B公司财产独立。

学有所记：

问题：

1. 若C银行于2021年7月1日请求A公司按约承担最高额保证担保责任时，A公司以提供该最高额保证未召开股东会（董事会）形成同意担保的有效机关决议为由拒绝承担保证责任，这一抗辩能否成立？为什么？

【个人作答】

学有所悟：

【考点】公司提供非关联担保

【解析】①《公司法》第16条第一款规定：“公司向其他企业投资或者为他人提供担保，依照公司章程的规定，由董事会或者股东会、股东大会决议；公司章程对投资或者担保的总额及单项投资或者担保的数额有限额规定的，不得超过规定的限额。”据此，A公司为其股东或者实际控制人以外的其他人的债务提供担保（非关联担保），须依照A公司的章程的规定形成同意提供担保的有效机关决议，A公司的法定代表人才享有代表A公司提供担保的代表权限；否则，A公司法定代表人以A公司的名义提供的担保，属

学有所记：

学有所悟：

于因越权代表订立的担保合同。这是原则。

②《民法典担保制度解释》第8条第一款规定："有下列情形之一，公司以其未依照公司法关于公司对外担保的规定作出决议为由主张不承担担保责任的，人民法院不予支持：（一）金融机构开立保函或者担保公司提供担保；（二）公司为其全资子公司开展经营活动提供担保；（三）担保合同系由单独或者共同持有公司三分之二以上对担保事项有表决权的股东签字同意。"《民法典担保制度解释》第8条第二款规定："上市公司对外提供担保，不适用前款第二项、第三项的规定。"据此，由于B公司系A公司的全资子公司，为担保B公司开展经营活动对C银行负担的借款债务，无须形成同意提供担保的有效机关决议，A公司的法定代表人享有代表A公司向C银行提供最高保证担保的代表权限，同时，根据《民法典》第61条第二款的规定，A公司法定代表人以A公司名义与C银行订立的保证合同直接归属于A公司承受。现B公司无力清偿对C银行的借款债务，A公司应当按照约定承担最高额保证担保责任。

【参考答案】A公司的这一抗辩理由不能成立。理由在于：B公司是A公司的全资子公司，为担保B公司因经营活动对C银行负担的借款债务，根据《民法典担保制度解释》第8条的规定，无须形成同意提供担保的A公司有效机关决议，A公司的法定代表人即享有代表A公司与C银行订立保证合同的代表权限，同时，根据《民法典》第61条第二款的规定，该保证合同直接归属于A公司承受，B公司无力清偿对C银行的借款债务时，A公司应当按约承担最高额保证担保责任。

2. 若C银行于2021年7月1日请求A公司承担最高

额保证时，A 公司以 6 个月的保证期间届满为由，拒绝承担最高额保证责任，这一抗辩能否成立？为什么？

【个人作答】________________________________

________________________________________

________________________________________

________________________________________

________________________________________

________________________________________

________________________________________

________________________________________

【考点】最高额保证；保证期间

【解析】①《民法典》第 693 条第二款规定："连带责任保证的债权人未在保证期间请求保证人承担保证责任的，保证人不再承担保证责任。"据此，连带责任保证，债权人 C 银行未在约定的 6 个月的保证期间内请求保证人 A 公司承担保证责任的，保证期间经过（保证期间届满），保证人 A 公司的最高额保证责任消灭。

②《民法典》第 690 条第二款规定："最高额保证除适用本章规定外，参照适用本法第二编最高额抵押权的有关规定。"《民法典》第 423 条规定："有下列情形之一的，抵押权人的债权确定：（一）约定的债权确定期间届满；（二）没有约定债权确定期间或者约定不明确，抵押权人或者抵押人自最高额抵押权设立之日起满二年后请求确定债权；（三）新的债权不可能发生；（四）抵押权人知道或者应当知道抵押财产被查封、扣押；（五）债务人、抵押人被宣告破产或者解散；（六）法律规定债权确定的其他情形。"据此，A 公司提供最高额保证担保的借款债务，由于约定了债权确定期间，因此，约定的债权确定期间届满（2020 年 12 月 31 日），C 银行对 B 公司的借款债权（余

学有所记：

学有所悟：

学有所记：

学有所悟：

额）确定。

③《民法典担保制度解释》第30条第一款规定："最高额保证合同对保证期间的计算方式、起算时间等有约定的，按照其约定。"《民法典担保制度解释》第30条第二款规定："最高额保证合同对保证期间的计算方式、起算时间等没有约定或者约定不明，被担保债权的履行期限均已届满的，保证期间自债权确定之日起开始计算；被担保债权的履行期限尚未届满的，保证期间自最后到期债权的履行期限届满之日起开始计算。"《民法典担保制度解释》第30条第三款规定："前款所称债权确定之日，依照民法典第四百二十三条的规定认定。"据此，A公司提供的最高额保证，虽约定保证期间为6个月，但未约定保证期间的计算方式与起算时间，因此，对于债权（余额）已经确定的C银行对B公司的三笔借款债权，不分别独立计算三个保证期间，而是统一计算一个6个月的保证期间。同时，由于C银行对B公司三笔借款债权（余额）确定时（2020年12月31日），第一笔与第二笔借款债权已经到期，但第三笔借款尚未到期，因此，6个月保证期间应当自最后到期债权的履行期届满之日起开始计算，起算点为2021年3月2日，终止点为2021年9月1日。C银行于2021年7月1日请求A公司承担连带责任保证的担保责任，保证期间未经过，A公司的最高额保证责任未消灭。

【参考答案】A公司的这一抗辩理由不能成立。理由在于：A公司提供最高额保证担保的借款债权，参照《民法典》第423条的规定，约定的债权确定期间届满之日（2020年12月31日），C银行对B公司的借款债权确定。同时，借款债权确定时，仅第一笔和第二笔借款到期，第三笔借款未到期，根据《民法典担保制度解释》第30条第二款的规定，A公司最高额保证6个月保证期间应当自最后到期债权的履行期届满之日起开始计算，起算点为2021年3月2日，终止点为2021年9月1日。C银行于2021年7月1日请求A公司承担连带责任保证的担保责任，保证期间未经过，A公司的最高额保证责任未消灭。

3. 假设A公司按约对C银行承担了最高额保证责任。在向B公司追偿的过程中，A公司调查确定B公司于2020年11月1日出卖给“五湖医院”的1万套防护服仍存放在医院的库房中，A公司是否有权主张对这1万套防护服行使抵押权优先受偿？为什么？

【个人作答】________________________________

________________________________________

________________________________________

________________________________________

________________________________________

________________________________________

________________________________________

________________________________________

【考点】保证人的代位求偿权；正常经营活动买受人规则

【解析】①《民法典》第700条规定：“保证人承担保证责任后，除当事人另有约定外，有权在其承担保证责任的范围内向债务人追偿，享有债权人对债务人的权利，但是不得损害债权人的利益。”《民法典担保制度解释》第18条第二款规定：“同一债权既有债务人自己提供的物的担保，又有第三人提供的担保，承担了担保责任或者赔偿责任的第三人，主张行使债权人对债务人享有的担保物权的，人民法院应予支持。”据此，A公司对C银行承担保证责任后，享有代位求偿权，依照法律的规定取代债权人C银行

学有所记：

学有所悟：

学有所记：

学有所悟：

的地位，因此对B公司的抵押的动产享有动产浮动抵押权。

②《民法典》第404条规定："以动产抵押的，不得对抗正常经营活动中已经支付合理价款并取得抵押财产的买受人。"《民法典担保制度解释》第56条第一款规定："买受人在出卖人正常经营活动中通过支付合理对价取得已被设立担保物权的动产，担保物权人请求就该动产优先受偿的，人民法院不予支持，但是有下列情形之一的除外：（一）购买商品的数量明显超过一般买受人；（二）购买出卖人的生产设备；（三）订立买卖合同的目的在于担保出卖人或者第三人履行债务；（四）买受人与出卖人存在直接或者间接的控制关系；（五）买受人应当查询抵押登记而未查询的其他情形。"《民法典担保制度解释》第56条第二款规定："前款所称出卖人正常经营活动，是指出卖人的经营活动属于其营业执照明确记载的经营范围，且出卖人持续销售同类商品。前款所称担保物权人，是指已经办理登记的抵押权人、所有权保留买卖的出卖人、融资租赁合同的出租人。"据此，动产浮动抵押期间，抵押人B公司将作为抵押标的物的1万套防护服出卖给"五湖医院"，符合以下三个条件：第一，属于抵押人的正常经营活动；第二，受让人以合理的价款受让；第三，受让人已经受让动产的交付并取得所有权，因此，转让给"五湖医院"的1万套防护服已经自动解除抵押关系，不再属于动产浮动抵押权的标的物，A公司不得对其行使抵押权。

**【参考答案】** A公司无权主张对这1万套防护服行使抵押权优先受偿。理由在于：虽然A公司承担保证责任后，基于代位求偿权，取得对B公司抵押动产的动产浮动抵押权，但是，抵押期间，抵押人B公司将作为动产浮动抵押标的物的1万套防护服出卖给"五湖医院"，属于抵押人的正常经营活动，受让人"五湖医院"以合理的价款受让并且已经受让动产的交付并取得所有权，根据《民法典》第404条和《民法典担保制度解释》第56条的规定，转让给“五湖医院”的1万套防护服已经自动解除抵押关系，不再属于动产浮动抵押权的标的物，A公司不得对其行使抵押权。

4. 假设A公司按约对C银行承担了最高额保证责任。在向B公司追偿的过程中，A公司发现B公司于2020年12月1日出卖给“四海公司”的生产防护服的生产设备在市场上比较抢手，A公司是否有权主张对该生产设备行使抵押权优先受偿？为什么？

【个人作答】______

【考点】抵押物的转让规则；正常经营活动买受人规则

【解析】①《民法典》第406条第一款规定：“抵押期间，抵押人可以转让抵押财产。当事人另有约定的，按照其约定。抵押财产转让的，抵押权不受影响。”据此，抵押期间，未经抵押权人C银行同意，抵押人B公司将作为动产浮动抵押标的物的生产设备出卖给“四海公司”属于有权处分，买卖合同有效，已经完成了出卖设备的交付，根据《民法典》第224条的规定，自受让交付时，“四海公司”取得对生产设备的所有权。同时，C银行的动产浮动抵押权不受影响，对“四海公司”取得所有权的生产设备，

学有所记：

学有所悟：

学有所记：

C 银行继续享有动产浮动抵押权。

②抵押期间，抵押人 B 公司将作为动产浮动抵押标的物的生产设备出卖给“四海公司”，根据《民法典担保制度解释》第 56 条的规定，这一抵押动产的转让，不属于抵押人 B 公司的正常经营活动，不适用《民法典》第 404 条规定的正常经营活动买受人规则，转让归“四海公司”所有的生产设备未解除抵押关系，仍系已经登记的动产浮动抵押的标的物。

③根据《民法典》第 700 条与《民法典担保制度解释》第 18 条第二款的规定，A 公司对 C 银行承担最高保证责任后，基于代位求偿权，依法取代 C 银行的地位，对 B 公司抵押的动产享有动产浮动抵押权。因此，A 公司有权对“四海公司”受让的生产设备行使动产浮动抵押权，优先受偿。

学有所悟：

【参考答案】A 公司有权主张对该生产设备行使抵押权优先受偿。理由在于：①根据《民法典》第 406 条的规定，B 公司将抵押的生产设备出卖给“四海公司”属于有权处分，“四海公司”自受让交付时取得对生产设备的所有权，同时，对“四海公司”取得所有权的生产设备，C 银行继续享有已登记的动产浮动抵押权；②抵押人 B 公司出卖抵押的生产设备，根据《民法典担保制度解释》第 56 条的规定，不属于抵押人 B 公司的正常经营活动，转让给“四海公司”的生产设备并未解除抵押关系；③A 公司承担最高额保证责任后，根据《民法典》第 700 条与《民法典担保制度解释》第 18 条第二款的规定，A 公司享有代位求偿权，依法取得对 B 公司抵押动产的动产浮动抵押权，A 公司有权对“四海公司”取得所有权的生产设备行使抵押权。

5. 甲于2021年3月1日诉请法院判决解除甲、乙间的《A房屋买卖合同》的诉讼请求，一审法院以“甲属于违约方并且《A房屋买卖合同》的订立以及双方当事人争议的主要事实均发生于《民法典》施行以前”为由判决驳回。一审法院的这一做法是否符合法律规定？为什么？

【个人作答】______________________________

______________________________

______________________________

______________________________

______________________________

______________________________

______________________________

______________________________

【考点】《民法典》的溯及力

【解析】①《关于适用民法典时间效力的若干规定》第1条第二款规定：“民法典施行前的法律事实引起的民事纠纷案件，适用当时的法律、司法解释的规定，但是法律、司法解释另有规定的除外。”《关于适用民法典时间效力的若干规定》第4条规定：“民法典施行前的法律事实引起的民事纠纷案件，当时的法律、司法解释仅有原则性规定而民法典有具体规定的，适用当时的法律、司法解释的规定，但是可以依据民法典具体规定进行裁判说理。”据此，为维持法的安定性与保护民事法律关系当事人的合理信赖，原则上，《民法典》没有溯及力，《民法典》施行前发生的法律事实，适用当时的法律、司法解释的规定，不适用《民法典》。

②《民法典》不具有溯及力，但有三个类型的例外。属于这三个类型的例外情形之一的，《民法典》具有溯及力。(a) 第一个类型的例外是“有利溯及”。《关于适用民

学有所记：

学有所悟：

学有所记：

学有所悟：

法典时间效力的若干规定》第 2 条规定："民法典施行前的法律事实引起的民事纠纷案件，当时的法律、司法解释有规定，适用当时的法律、司法解释的规定，但是适用民法典的规定更有利于保护民事主体合法权益，更有利于维护社会和经济秩序，更有利于弘扬社会主义核心价值观的除外。"（b）第二个类型的例外是"新增规定溯及"，又称"空白溯及"。《关于适用民法典时间效力的若干规定》第 3 条规定："民法典施行前的法律事实引起的民事纠纷案件，当时的法律、司法解释没有规定而民法典有规定的，可以适用民法典的规定，但是明显减损当事人合法权益、增加当事人法定义务或者背离当事人合理预期的除外。"（c）第三个类型的例外是"对跨越《民法典》施行前后的法律事实的溯及"。《关于适用民法典时间效力的若干规定》第 1 条第三款规定："民法典施行前的法律事实持续至民法典施行后，该法律事实引起的民事纠纷案件，适用民法典的规定，但是法律、司法解释另有规定的除外。"

③甲、乙于 2020 年 10 月 1 日订立的《A 房屋买卖合同》，甲于 2020 年 11 月 1 日预期违约、根本违约，因此致使乙不能请求甲实际履行为乙办理 A 房屋过户登记的合同义务，乙订立该买卖合同的目的不能实现，守约方乙不同意解除合同，甲、乙《A 房屋买卖合同》因此陷入"合同僵局"。这一法律事实发生于《民法典》施行以前，当时的法律对"合同僵局"没有规定。自 2021 年 1 月 1 日起施行的《民法典》第 580 条第二款对"合同僵局"作了"新增规定"。

④《关于适用民法典时间效力的若干规定》第 11 条规定："民法典施行前成立的合同，当事人一方不履行非金钱债务或者履行非金钱债务不符合约定，对方可以请求履行，但是有民法典第五百八十条第一款第一项、第二项、第三

项除外情形之一，致使不能实现合同目的，当事人请求终止合同权利义务关系的，适用民法典第五百八十条第二款的规定。”根据《关于适用民法典时间效力的若干规定》第 11 条的这一规定，同时根据《关于适用民法典时间效力的若干规定》第 3 条的规定（“空白溯及”），对于发生于《民法典》施行前的甲、乙《A 房屋买卖合同》陷入合同僵局这一法律事实，《民法典》第 580 条第二款关于“合同僵局”的规定具有溯及力，法院可以适用《民法典》第 580 条第二款作为裁判的依据，一审法院以甲、乙《A 房屋买卖合同》陷入合同僵局这一法律事实发生于《民法典》施行前为由，判决驳回甲的诉讼请求的，一审法院的这一做法不符合法律规定。

【参考答案】一审法院的这一做法不符合法律规定。理由在于：虽然原则上，《民法典》没有溯及力，但是，在三类例外情形，《民法典》具有溯及力，可以适用于《民法典》施行前发生的民事法律事实。甲、乙间的《A 房屋买卖合同》陷入“合同僵局”的法律事实发生于《民法典》施行以前，当时的法律没有规定，《民法典》第 580 条第二款对“合同僵局”作了“新增规定”，根据《关于适用民法典时间效力的若干规定》第 3 条与第 11 条“新增规定溯及例外”，《民法典》第 580 条第二款对甲、乙间的僵局合同具有溯及力，一审法院可以适用《民法典》第 580 条第二款作为裁判的依据。

6. 甲、乙间的《A 房屋买卖合同》纠纷，甲不服一审判决提起上诉后，依照法律的规定，二审法院可以如何判决？为什么？

【个人作答】________________________________________

____________________________________________________

学有所记：

学有所悟：

学有所记：

学有所悟：

【考点】合同僵局的司法解除

【解析】①《民法典》第580条第一款规定："当事人一方不履行非金钱债务或者履行非金钱债务不符合约定的，对方可以请求履行，但是有下列情形之一的除外：（一）法律上或者事实上不能履行；（二）债务的标的不适于强制履行或者履行费用过高；（三）债权人在合理期限内未请求履行。"《民法典》第580条第二款规定："有前款规定的除外情形之一，致使不能实现合同目的的，人民法院或者仲裁机构可以根据当事人的请求终止合同权利义务关系，但是不影响违约责任的承担。"据此，成立"合同僵局"须符合两条件：第一，合同债务人负担的非金钱合同债务存在合同债权人不得主张"实际履行"违约责任的情形；第二，因此致使合同当事人不能实现合同目的。

②甲一房二卖，甲于2020年11月1日将A房屋出卖给丙并办理过户登记，属于对乙的预期违约、根本违约，因此导致甲于2020年12月1日为乙办理A房屋过户登记的合同义务陷入"永久履行不能"，根据《民法典》第580条第一款的规定，乙不得请求甲实际履行为自己办理A房屋的过户登记的合同义务，致使乙订立房屋买卖合同的目的不能实现，同时，守约方乙不行使法定解除权，也不同意协议解除合同，甲、乙间的《A房屋买卖合同》因此陷入合同僵局。根据《民法典》第580条第二款的规定，若违约方甲以合同僵局为由诉请法院判决解除《A房屋买卖

合同》的，法院可以合同僵局为由判决解除，同时判决甲对乙承担预期违约的违约责任。

【参考答案】二审法院可以合同僵局为由判决解除《A房屋买卖合同》，同时判决甲对应承担预期违约的违约责任。理由在于：甲将A房屋出卖给丙并办理过户登记后，甲按约为乙办理A房屋过户登记的合同义务陷入“永久履行不能”，乙不得请求甲实际履行，并因此致使乙订立房屋买卖合同的目的不能实现，同时，守约方乙不同意解除合同，陷入合同僵局；根据《民法典》第580条第二款的规定，若违约方甲以合同僵局为由诉请法院判决解除《A房屋买卖合同》，法院可以合同僵局为由判决解除，同时判决甲对守约方乙承担预期违约的违约责任。

7. “北海公司”于2022年6月1日诉请B公司承担连带责任保证时，B公司以向“北海公司”提供保证担保时违反《公司法》关于公司对外担保决议程序为由主张不承担保证责任，这一抗辩理由为什么不能成立？

【个人作答】________________________________

________________________________

________________________________

________________________________

________________________________

________________________________

________________________________

________________________________

【考点】一人公司为股东提供担保的效力

【解析】①《公司法》第16条第二款规定：“公司为公司股东或者实际控制人提供担保的，必须经股东会或者股东大会决议。”《公司法》第16条第三款规定：“前款规

学有所记：

学有所悟：

学有所记：

学有所悟：

定的股东或者受前款规定的实际控制人支配的股东，不得参加前款规定事项的表决。该项表决由出席会议的其他股东所持表决权的过半数通过。”据此，金融机构、担保公司以外的其他公司，为公司股东（或实际控制人）的债务提供担保时（即提供关联担保时），未形成同意提供担保的有效股东会决议，公司的法定代表人不享有代表公司订立担保合同的代表权限，所订立的担保合同属于因越权代表订立的担保合同，相对人（被担保的债权人）为恶意（知道越权代表的事实）的，该担保合同不能归属于公司承受。

②《民法典担保制度解释》第 10 条规定：“一人有限责任公司为其股东提供担保，公司以违反公司法关于公司对外担保决议程序的规定为由主张不承担担保责任的，人民法院不予支持。公司因承担担保责任导致无法清偿其他债务，提供担保时的股东不能证明公司财产独立于自己的财产，其他债权人请求该股东承担连带责任的，人民法院应予支持。”据此，由于 B 公司为一人公司，不设股东会，因此，B 公司为其股东 A 公司的债务提供保证担保时，不适用《公司法》第 16 条的规定，B 公司的所有人（即股东 A 公司）同意提供保证担保的，B 公司的法定代表人即享有代表 B 公司订立保证合同的代表权限，所订立的保证合同直接归属于 B 公司承受。A 公司到期未偿还对“北海公司”的借款债务时，“北海公司”有权请求 B 公司承担保证责任。

**【参考答案】** B 公司这一抗辩理由不能成立的理由在于：B 公司系一人公司，不设股东会，因此，B 公司为其股东 A 公司的债务提供保证担保时，不适用《公司法》第 16 条的规定，B 公司的所有人（即股东 A 公司）同意提供保证担保的，B 公司的法定代表人即享有代表 B 公司订立保证合同的代表权限，所订立的保证合同直接归属于 B 公司承受。

8. 2022年8月1日，未起诉B公司，“南洋公司”仅以A公司为被告提起公司人格否认诉讼，诉请否认B公司法人人格并判令A公司对B公司的1500万元债务承担连带责任，法院应当如何安排当事人？

【个人作答】＿＿＿＿＿＿＿＿＿＿＿＿＿＿＿＿＿＿＿＿＿＿＿

【考点】法人人格否认

【解析】①《九民纪要》第13条规定：“人民法院在审理公司人格否认纠纷案件时，应当根据不同情形确定当事人的诉讼地位：（1）债权人对债务人公司享有的债权已经由生效裁判确认，其另行提起公司人格否认诉讼，请求股东对公司债务承担连带责任的，列股东为被告，公司为第三人；（2）债权人对债务人公司享有的债权提起诉讼的同时，一并提起公司人格否认诉讼，请求股东对公司债务承担连带责任的，列公司和股东为共同被告；（3）债权人对债务人公司享有的债权尚未经生效裁判确认，直接提起公司人格否认诉讼，请求公司股东对公司债务承担连带责任的，人民法院应当向债权人释明，告知其追加公司为共同被告。债权人拒绝追加的，人民法院应当裁定驳回起诉。”

②B公司的债权人“南洋公司”，以B公司与其股东A

学有所记：

学有所悟：

学有所记：

公司发生财产混同、人格混同为由诉请法院B公司法人人格否认并判令A公司对B公司的1500万元债务承担连带责任，前提条件之一是“南洋公司”对B公司的1500万元债权经生效判决确认为合法有效。因此，未起诉B公司，“南洋公司”仅以股东A公司为被告起诉诉请否认B公司法人人格的，参照《九民纪要》第13条规定的裁判思路，法院应当向债权人“南洋公司”释明，告知其追加B公司为共同被告；释明后，债权人“南洋公司”拒绝追加的，人民法院应当裁定驳回起诉。

【参考答案】未起诉B公司，“南洋公司”仅以股东A公司为被告起诉诉请否认B公司法人人格的，参照《九民纪要》第13条规定的裁判思路，法院应当向债权人“南洋公司”释明，告知其追加B公司为共同被告；释明后，债权人“南洋公司”拒绝追加的，人民法院应当裁定驳回起诉。

学有所悟：

9. 根据我国现行民法的规定，在“南洋公司”与B公司的1500万元借款债务纠纷中，法院是否可以否认B公司的法人人格，判令A公司对B公司的1500万元债务承担连带责任？为什么？

【个人作答】

【考点】法人人格否认；一人公司为股东提供担保的

后果

【解析】①《民法典》第83条第二款规定：“营利法人的出资人不得滥用法人独立地位和出资人有限责任损害法人债权人的利益；滥用法人独立地位和出资人有限责任，逃避债务，严重损害法人债权人的利益的，应当对法人债务承担连带责任。”《公司法》第63条规定：“一人有限责任公司的股东不能证明公司财产独立于股东自己的财产的，应当对公司债务承担连带责任。”

②《民法典担保制度解释》第10条规定：“一人有限责任公司为其股东提供担保，公司以违反公司法关于公司对外担保决议程序的规定为由主张不承担担保责任的，人民法院不予支持。公司因承担担保责任导致无法清偿其他债务，提供担保时的股东不能证明公司财产独立于自己的财产，其他债权人请求该股东承担连带责任的，人民法院应予支持。”

③作为一人公司的B公司，为其股东A公司的债务提供并承担保证责任，并因此导致B公司无力清偿对“南洋公司”的债务，若A公司不能举证证明B公司与A公司财产独立，则应当认定A公司与B公司发生了财产混同与人格混同，股东A公司实施了滥用B公司独立责任的滥用行为，并因此严重损害B公司债权人的利益，根据《民法典》第83条第二款与《民法典担保制度解释》第10条的规定，可以否认B公司的法人人格，判令A公司对B公司的1500万元债务承担连带责任。

【参考答案】法院可以否认B公司的法人人格，判令A公司对B公司的1500万元债务承担连带责任。理由在于：作为一人公司的B公司，为其股东A公司的债务提供并承担保证责任，并因此导致B公司无力清偿对“南洋公司”的债务，若A公司不能举证证明B公司与A公司财产独

学有所记：

学有所悟：

学有所记：

学有所悟：

立，则应当认定A公司与B公司发生了财产混同与人格混同，股东A公司实施了滥用B公司独立责任的滥用行为，并因此严重损害B公司债权人的利益，根据《民法典》第83条第二款与《民法典担保制度解释》第10条的规定，可以否认B公司的法人人格，判令A公司对B公司的1500万元债务承担连带责任。

## 题目二

**案情：**【1】2018年3月1日，赵某、钱某、孙某与李某四人订立设立A公司的协议。为了为设立中的A公司筹措住所，赵某以其个人名义与"南北公司"订立《B房屋租赁合同》约定："赵某自2018年4月1日起租赁'南北公司'的B房屋，租期2年，月租金15万元。"经核准登记（登记赵某、钱某、孙某与李某各占A公司25%的股份，每一股份所持表决权相同），市场主管部门于2018年11月1日为A公司签发了营业执照，营业执照记载的A公司经营范围为职业教育培训（含线下面授课程与线上视频课程）与相关图书的印制、发行。2018年11月3日召开的A公司首次股东会与首次董事会选举确定由赵某担任A公司的法定代表人。因《B房屋租赁合同》部分租金到期未付，"南北公司"于2018年12月30日请求赵某支付，赵某以"南北公司"应当请求A公司支付为由拒绝。

【2】估计春节期间茅台酒畅销，赵某决定为A公司购入一批茅台酒转售谋利。2018年11月5日，赵某代表A公司与"东西公司"订立买卖合同约定"东西公司"向A公司出售50箱53度"飞天"茅台白酒，交货日期为2019年1月10日。因货源紧俏，A公司于2019年1月10日请求

“东西公司”按约交付50箱茅台酒时，“东西公司”以该买卖合同超越A公司经营范围、买卖合同无效为由，拒绝交付。

【3】赵某个人向“宇宙公司”借款500万元须担保，赵某欲让A公司提供保证担保，考虑到钱某、孙某与李某不会同意，赵某于是伪造了一份钱某、孙某与李某签名表决同意为赵某的借款提供保证担保的A公司股东会决议后，赵某代表A公司与“宇宙公司”订立保证合同约定：“赵某对‘宇宙公司’负担的于2019年10月到期的500万元借款债务，由A公司承担连带责任保证。”“宇宙公司”订立保证合同时不知道A公司未就此事召开股东会，但仔细审查了赵某提供的股东会决议，却未能发觉系赵某伪造。

【4】因孙某向“乾坤公司”借款600万元须担保，孙某提出让A公司为该笔借款提供保证担保，赵某、钱某与李某均表示同意，并出具了三人签名同意A公司提供保证担保的书面意见，因此，A公司未就此召开股东会，赵某代表A公司与“乾坤公司”订立保证合同约定：“孙某对‘乾坤公司’负担的于2019年11月到期的600万元债务，由A公司提供连带责任保证。”“乾坤公司”订立保证合同时知道A公司未就此事召开股东会，但查看了赵某、钱某与李某签名同意A公司提供担保的书面意见。

【5】赵某伪造股东会决议的事实被发现后，2019年9月，A公司召开董事会罢免了赵某的法定代表人资格，选举钱某担任A公司法定代表人。A公司将相关情况通知了各交易合作方（如“南北公司”）。因赵某到期未偿还对“宇宙公司”的500万元借款债务，“宇宙公司”于2019年

学有所记：

学有所悟：

学有所记：

10月请求A公司承担保证责任，A公司以保证合同系因赵某伪造股东会决议所签订、保证合同对A公司不发生效力为由拒绝。同时，因孙某到期未偿还对“乾坤公司”的600万元借款债务，“乾坤公司”于2019年11月请求A公司承担保证责任，A公司以订立保证合同未召开A公司股东会表决同意、保证合同对A公司不发生效力为由拒绝。

【6】赵某被罢免A公司法定代表人资格后，一直拒绝交出持有的A公司公章，A公司因此未能办理法定代表人的工商变更登记，相当一段时间内，工商部门登记的A公司法定代表人一直为赵某。为了便于签订合同，钱某私刻了一枚A公司的公章。2020年1月1日，钱某代表A公司与“天地公司”订立《买卖合同》约定：“A公司以1000万元购买‘天地公司’的C房屋，2020年2月1日前双方履行完毕。”钱某在该合同上签名并加盖了私刻的A公司的公章。后，因房屋市场价格开始下跌，“天地公司”于2020年2月1日请求A公司按约支付购买C房屋的价款时，A公司以钱某在合同上加盖的系私刻的假公章、A公司不负担C房屋买卖合同义务为由拒绝。

学有所悟：

【7】2020年3月1日，赵某仍以A公司法定代表人的身份代表A公司与“南北公司”订立《B房屋租赁合同（二）》约定：“‘南北公司’将其B房屋出租给A公司，租期五年，自2020年4月2日至2025年4月1日，月租金18万元。”赵某在租赁合同上签名且加盖了A公司的公章；该租赁合同订立之时，工商登记的A公司法定代表人仍为赵某。A公司知情后，以赵某签订该租赁合同时不享有代表权且“南北公司”订立租赁合同时知情为由，于2020年3月10日通知“南北公司”拒绝履行《B房屋租赁合同（二）》。

【8】因A公司可能出现资金链断裂，2020年6月，成立了B公司。成立B公司的目的系为A公司筹集经营资金（A公司持有B公司80%的股份，赵某、钱某、孙某和李某各持有B公司5%的股份，A公司的财务负责人兼任B公司的财务负责人，孙某担任B公司的法定代表人）。2020年7月1日，B公司与周某订立借款合同约定："周某借给B公司2000万元，借期六个月。"B公司获得借款后，全部无偿交给A公司用于A公司的经营活动（虽有银行转账凭证但未作财务记载），A公司因此起死回生。2021年2月1日，因B公司到期未偿还对周某的2000万元借款债务，周某起诉并获得胜诉生效判决后，因资不抵债，B公司无力清偿。周某于是以A公司滥用股东有限责任和B公司独立责任为由，仅以A公司为被告再次起诉，诉请法院判决否认B公司的法人人格，判决A公司就B公司对周某的借款债务承担连带清偿责任。

【9】2020年5月，李某投资500万元经营小汽车客运出租业务。考虑到该类经营潜在的巨大风险，李某将全部500万元投资分成10份，分别设立了10个有限责任公司（甲、乙、丙、丁、戊、己、庚、辛、壬、癸），李某在10个有限责任公司中均占有90%的股份。在经营过程中，李某实际向每个公司投入50万元，每个公司购买两辆出租车（包括购买牌照）运营，虽为每辆车投保了"交强险"，但均未投保"第三者责任商业险"。2020年8月1日，甲公司的一辆出租车违章驾驶发生道路交通事故致行人吴某死亡（交警认定该出租车负全责），甲公司依法须对吴某死亡后果承担数额为270万元的侵权损害赔偿责任，但此时，甲公司的财产仅为59万元。因此，吴某的继承人以李某和甲公司为共同被告起诉，诉请李某对甲公司的270万元侵

学有所记：

学有所悟：

学有所记：

权损害赔偿责任承担连带责任。

问题：

1. 2018年12月30日，就《B房屋租赁合同》的到期未付租金，“南北公司”是否有权请求赵某支付？为什么？

【个人作答】

【考点】为设立法人所负债务的承担

【解析】①《民法典》第75条第一款规定：“设立人为设立法人从事的民事活动，其法律后果由法人承受；法人未成立的，其法律后果由设立人承受，设立人为二人以上的，享有连带债权，承担连带债务。”《民法典》第75条第二款规定：“设立人为设立法人以自己的名义从事民事活动产生的民事责任，第三人有权选择请求法人或者设立人承担。”

学有所悟：

②为设立A公司，设立人赵某以自己名义对“南北公司”负担的到期租金支付义务，在A公司依法设立后，“南北公司”有权选择请求A公司履行，也有权选择请求赵某履行。若“南北公司”选择请求赵某履行，赵某履行后，赵某有权向A公司追偿。

【参考答案】“南北公司”有权请求赵某支付。因为，为设立A公司，设立人赵某以自己的名义对“南北公司”负担的到期租金支付义务，在A公司依法设立后，根据《民法典》第75条的规定，债权人“南北公司”有权选择请求 A 公司履行，也有权选择请求赵某履行。

2. 2019 年 1 月 10 日，“东西公司”主张与 A 公司订立的茅台酒买卖合同超越 A 公司经营范围，买卖合同无效。该主张能否成立？为什么？

【个人作答】______________________________

______________________________

______________________________

______________________________

______________________________

______________________________

______________________________

______________________________

【考点】超越经营范围订立合同的效力

【解析】①《民法典》第 505 条规定：“当事人超越经营范围订立的合同的效力，应当依照本法第一编第六章第三节和本编的有关规定确定，不得仅以超越经营范围确认合同无效。”

②A 公司与“东西公司”的茅台酒买卖合同超越 A 公司的经营范围，但该买卖合同并不仅仅因为超越 A 公司经营范围而无效。

③A 公司与“东西公司”的茅台酒买卖合同虽然超越了 A 公司的经营范围，但并不违反法律、行政法规的效力性强制规范，不具有《民法典》第 153 条第一款规定的无效事由；亦不具有损害公共秩序或者违背善良风俗的情形，不具有《民法典》第 153 条第二款规定的无效事由；也不具有其他法定的无效事由。因此，A 公司与“东西公司”的茅台酒买卖合同已经成立并生效。

【参考答案】“东西公司”主张该茅台酒买卖合同因超

学有所记：

学有所悟：

学有所记：

学有所悟：

越 A 公司经营范围而无效，该主张不成立。理由在于，该买卖合同虽然超越 A 公司的经营范围，但根据《民法典》第 505 条的规定，该买卖合同并不仅仅因为超越 A 公司经营范围而无效。该茅台酒买卖合同虽然超越 A 公司的经营范围，并不违反法律、行政法律的效力性强制性规范，亦不违背公序良俗，也无其他法律规定的无效事由，已经成立并生效，"东西公司"应当按约交付出售的货物。

3. 2019 年 10 月，因赵某到期未偿还对"宇宙公司"的 500 万元借款债务，"宇宙公司"是否有权请求 A 公司承担保证责任？为什么？

【个人作答】______________________________

【考点】公司提供关联担保；越权代表

【解析】①《公司法》第 16 条第二款规定："公司为公司股东或者实际控制人提供担保的，必须经股东会或者股东大会决议。"《公司法》第 16 条第三款规定："前款规定的股东或者受前款规定的实际控制人支配的股东，不得参加前款规定事项的表决。该项表决由出席会议的其他股东所持表决权的过半数通过。"据此，在为 A 公司股东赵某所负借款债务提供"关联担保"之前，未依照《公司法》第 16 条第二款与第三款的规定召开股东会、形成同意担保的有效的股东会决议，A 公司的法定代表人赵某不享有代表A公司为A公司的股东赵某所负借款债务提供担保的代表权限，赵某代表A公司与“宇宙公司”订立保证合同，属于超越代表权限的越权代表行为。

②《民法典》第504条规定：“法人的法定代表人或者非法人组织的负责人超越权限订立的合同，除相对人知道或者应当知道其超越权限外，该代表行为有效，订立的合同对法人或者非法人组织发生效力。”据此，赵某代表A公司与“宇宙公司”订立的保证合同属于越权代表，若相对人“宇宙公司”订立保证合同时为恶意，未经A公司追认，“宇宙公司”不得主张该保证合同直接归属于A公司承受；若相对人“宇宙公司”订立保证合同时为善意，成立表见代表，无须A公司追认，“宇宙公司”有权主张该保证合同直接归属于A公司承受。

③《民法典担保制度解释》第7条第一款规定：“公司的法定代表人违反公司法关于公司对外担保决议程序的规定，超越权限代表公司与相对人订立担保合同，人民法院应当依照民法典第六十一条和第五百零四条等规定处理：（一）相对人善意的，担保合同对公司发生效力；相对人请求公司承担担保责任的，人民法院应予支持。（二）相对人非善意的，担保合同对公司不发生效力；相对人请求公司承担赔偿责任的，参照适用本解释第十七条的有关规定。”《民法典担保制度解释》第7条第三款规定：“第一款所称善意，是指相对人在订立担保合同时不知道且不应当知道法定代表人超越权限。相对人有证据证明已对公司决议进行了合理审查，人民法院应当认定其构成善意，但是公司有证据证明相对人知道或者应当知道决议系伪造、变造的除外。”据此，未召开股东会形成同意提供担保的有效决议，赵某伪造股东会决议后代表A公司与“宇宙公司”订立的保证合同，属于赵某超越法律对其代表权限的“法定

学有所记：

学有所悟：

学有所记：

学有所悟：

限制”所实施的越权代表行为，但同时，相对人“宇宙公司”能够举证证明自己在订立保证合同时履行了合理的审查义务，不知道也不应当知道赵某属于越权代表，应当被认定为善意的相对人，因而成立表见代表，“宇宙公司”有权主张，无须A公司追认，该保证合同直接归属于A公司承受（即直接对A公司发生效力）。

【参考答案】“宇宙公司”有权请求A公司承担保证责任。理由在于：未依照《公司法》第16条形成同意为A公司股东赵某借款债务提供担保的有效股东会决议，赵某伪造股东会决议后以A公司的名义与“宇宙公司”订立保证合同，属于因越权代表订立的保证合同，但相对人“宇宙公司”能够证明在订立保证合同时履行了合理的审查义务，不知道也不应当知道赵某超越代表权的事实，为善意的相对人，成立表见代表，根据《民法典》第504条与《民法典担保制度解释》第7条的规定，善意相对人“宇宙公司”有权主张，无须被代表的A公司同意，该保证合同直接归属于A公司承受，即直接对A公司发生效力。

4. 2019年11月，因孙某到期未偿还对“乾坤公司”的600万元借款债务，“乾坤公司”是否有权请求A公司承担保证责任？为什么？

【个人作答】

【考点】公司提供关联担保无须机关决议的例外情形

【解析】①《民法典担保制度解释》第8条第一款规定："有下列情形之一，公司以其未依照公司法关于公司对外担保的规定作出决议为由主张不承担担保责任的，人民法院不予支持：（一）金融机构开立保函或者担保公司提供担保；（二）公司为其全资子公司开展经营活动提供担保；（三）担保合同系由单独或者共同持有公司三分之二以上对担保事项有表决权的股东签字同意。"《民法典担保制度解释》第8条第二款规定："上市公司对外提供担保，不适用前款第二项、第三项的规定。"

②A公司为其股东孙某对"乾坤公司"的600万元借款债务提供担保，属于关联担保，根据《公司法》第16条第二款与第三款的规定，未经股东会形成同意担保的有效决议，赵某不享有代表A公司提供保证担保的代表权限。这是原则。但根据《民法典担保制度解释》第8条的规定，存有例外。赵某代表A公司为股东孙某对"乾坤公司"的600万元借款债务提供保证担保，虽未召开股东会形成同意担保的有效股东会决议，但已经由持有A公司三分之二以上对担保事项有表决权的股东签字同意，赵某代表A公司与"乾坤公司"订立保证合同，属于有权代表，该保证合同直接归属于A公司承受。

【参考答案】"乾坤公司"有权请求A公司承担保证责任。理由在于：赵某代表A公司与"乾坤公司"提供保证担保时，虽未依照《公司法》第16条的规定召开股东会、形成同意担保的有效股东会决议，但已经由持有A公司三分之二以上对担保实现有表决权的股东签字同意，赵某代表A公司与"乾坤公司"订立保证合同，根据《民法典担保制度解释》第8条的规定，属于有权代表，该保证合同直接归属于A公司承受。

学有所记：

学有所悟：

学有所记：

5. 2020 年 2 月 1 日，A 公司以“钱某在合同上加盖的系私刻的假公章、A 公司不负担 C 房屋买卖合同义务”为由拒绝支付购房款。A 公司的这一抗辩理由是否成立？为什么？

【个人作答】

【考点】“真人假章”合同的承受

【解析】①《民法典》第 65 条规定：“法人的实际情况与登记的事项不一致的，不得对抗善意相对人。”据此，法人法定代表人的工商变更登记，属于对抗要件，而非生效要件。虽未办理工商变更登记，自确定钱某担任 A 公司法定代表人的董事会决议生效时，钱某成为 A 公司法定代表人，享有代表 A 公司实施法律行为的代表权限。

②《民法典》第 61 条第二款规定：“法定代表人以法人名义从事的民事活动，其法律后果由法人承受。”据此，法定代表人在代表权限范围内、以法人名义所实施的民事法律行为，其法律后果直接归属于被代表的法人承受。

③钱某在与“天地公司”订立 C 房屋买卖合同上加盖了私刻的假公章，根据《九民纪要》第 41 条规定的精神，加盖私刻的 A 公司公章，表明钱某系以 A 公司的名义订立 C 房屋买卖合同，同时，钱某签订 C 房屋买卖合同时系 A 公司法定代表人，享有订立该买卖合同的代表权限，根据《民法典》第 61 条第二款的规定，C 房屋买卖合同直接归

学有所悟：

属于 A 公司承受，A 公司应当按约支付购房款，不存在拒绝支付的抗辩事由。

【参考答案】A 公司的这一抗辩理由不成立。理由在于：钱某在 C 房屋买卖合同上加盖私刻的公章，根据《九民纪要》第 41 条规定的精神，表明钱某不是以其个人名义，而是以 A 公司名义订立 C 房屋买卖合同。同时，钱某订立合同时系 A 公司法定代表人，享有订立该合同的代表权限，根据《民法典》第 61 条第二款的规定，C 房屋买卖合同应当直接归属于 A 公司承受，A 公司应当按约支付购房款，不存在拒绝支付的抗辩事由。

6. 2020 年 3 月 10 日，A 公司通知“南北公司”拒绝履行《B 房屋租赁合同（二）》的理由是否成立？为什么？

【个人作答】______________________________

______________________________

______________________________

______________________________

______________________________

______________________________

______________________________

______________________________

【考点】“假人真章”合同的承受

【解析】①《民法典》第 65 条规定：“法人的实际情况与登记的事项不一致的，不得对抗善意相对人。”据此，法人法定代表人的工商变更登记，属于对抗要件，而非生效要件。自罢免赵某 A 公司法定代表人的董事会决议生效时，赵某丧失 A 公司法定代表人的资格，不再享有代表 A 公司实施法律行为的代表权限。

②《B 房屋租赁合同（二）》订立时，赵某在合同上

学有所记：

学有所悟：

学有所记：

学有所悟：

加盖了所持的 A 公司真实公章，根据《九民纪要》第 41 条规定的精神，表明赵某不是以个人名义订立该合同，而是以 A 公司名义订立该合同。但是，赵某不是 A 公司法定代表人，赵某代表 A 公司订立《B 房屋租赁合同（二）》属于无权代表，虽然工商登记的 A 公司的法定代表人仍为赵某，但是 A 公司已经将赵某不再担任 A 公司法定代表人的事实通知了"南北公司"，"南北公司"订立《B 房屋租赁合同（二）》时属于恶意的相对人，"南北公司"不得主张《B 房屋租赁合同（二）》直接归属于 A 公司承受。

**【参考答案】** A 公司主张的理由成立。因为，赵某在《B 房屋租赁合同（二）》上加盖 A 公司的真实公章的效力仅在于表明赵某并非以其个人名义而是以 A 公司名义订立该合同，但赵某订立合同时不是 A 公司法定代表人，加盖真实公章不具有补正赵某代表权欠缺的效力，赵某代表 A 公司订立《B 房屋租赁合同（二）》属于无权代表，虽然合同订立时工商登记的 A 公司法定代表人为赵某，但"南北公司"因收到通知于订立合同时知道赵某欠缺代表权，"南北公司"作为恶意的相对人无权主张该租赁合同直接归属于 A 公司承受。

7. 2021 年 2 月 1 日，周某仅以 A 公司为被告起诉，诉请法院判决否认 B 公司的法人人格，判决 A 公司就 B 公司对周某的 2000 万元借款债务承担连带责任，法院应如何安排诉讼当事人？为什么？

**【个人作答】**

学有所记：

学有所悟：

【考点】法人人格否认

【解析】①《九民纪要》第13条规定："人民法院在审理公司人格否认纠纷案件时，应当根据不同情形确定当事人的诉讼地位：（1）债权人对债务人公司享有的债权已经由生效裁判确认，其另行提起公司人格否认诉讼，请求股东对公司债务承担连带责任的，列股东为被告，公司为第三人；（2）债权人对债务人公司享有的债权提起诉讼的同时，一并提起公司人格否认诉讼，请求股东对公司债务承担连带责任的，列公司和股东为共同被告；（3）债权人对债务人公司享有的债权尚未经生效裁判确认，直接提起公司人格否认诉讼，请求公司股东对公司债务承担连带责任的，人民法院应当向债权人释明，告知其追加公司为共同被告。债权人拒绝追加的，人民法院应当裁定驳回起诉。"

②债务人B公司对债权人周某的2000万元借款债务已经由周某胜诉的生效判决确认，债权人周某另行提起公司人格否认诉讼，请求债务人B公司的股东A公司承担连带责任的，根据《九民纪要》第13条规定的精神，人民法院应当列被诉滥用股东有限责任和法人独立责任的控股股东A公司为被告，列债务人B公司为无独立请求权的第三人。

【参考答案】人民法院应当列股东A公司为被告，B公司为无独立请求权的第三人。理由在于：债务人B公司对债权人周某的2000万元借款债务已经由周某胜诉的生效判决确认，债权人周某另行提起否认B公司法人人格的诉讼，仅以债务人B公司的控制股东A公司为被告起诉，请求A公司就B公司对周某的2000万元借款债务承担连带责任，

学有所记：

根据《九民纪要》第13条规定的精神，人民法院应当列股东A公司为被告，债务人B公司为无独立请求权的第三人。

8. 2021年2月1日，周某诉请法院判决否认B公司的法人人格，判决A公司就B公司对周某的2000万元借款债务承担连带责任，法院是否可以判决支持周某的这一诉讼请求？为什么？

【个人作答】

学有所悟：

【考点】法人人格否认

【解析】①《民法典》第60条规定："法人以其全部财产独立承担民事责任。"据此，B公司系依法设立的营利法人，原则上，B公司对周某负担的2000万元借款债务，应当由B公司独立承担清偿无限责任，A公司作为B公司的股东，不承担清偿责任。

②《民法典》第83条第二款规定："营利法人的出资人不得滥用法人独立地位和出资人有限责任损害法人债权人的利益；滥用法人独立地位和出资人有限责任，逃避债务，严重损害法人债权人的利益的，应当对法人债务承担连带责任。"考虑到设立B公司的目的就是为了为A公司筹集经营资金，B公司与A公司存在管理人员交叉任职等人员混同的情形；B公司筹集的资金全部无偿转让给A公司使用，且不作财务记载，B公司与A公司存在财产混同

的情形；A 公司利用自己的支配地位，对 B 公司实施过度支配与控制，迫使 B 公司向 A 公司进行无偿利益输送，B 公司与 A 公司存在人格混同的情形。并且，因此导致 B 公司资不抵债，剩余财产不足以清偿对债权人周某负担的 2000 万元借款债务，应当认定，A 公司作为 B 公司的控制股东，实施了滥用股东有限责任与法人独立责任的滥用行为，使债务人 B 公司与控制股东 A 公司人员混同、财产混同与人格混同，严重损害 B 公司债权人周某的利益，根据《民法典》第 83 条第二款的规定，可以在 B 公司对债权人周某的借款债务纠纷中否认 B 公司的法人人格，判令实施滥用行为的控制股东 A 公司对借款债务承担连带清偿责任。

**【参考答案】**法院可以判决支持这一诉讼请求。理由在于：作为依法设立的营利法人，原则上，B 公司对周某负担的 2000 万元借款债务，应当由 B 公司独立承担清偿责任。但是，A 公司利用其控制股东地位，对 B 公司实施过度控制，使 B 公司与 A 公司之间存在人员混同、财产混同、人格混同，并因此致使 B 公司资不抵债、无力清偿对周某的 2000 万元到期借款债务，严重损害债权人周某的利益，根据《民法典》第 83 条第二款的规定，应当认定 A 公司滥用了 B 公司的独立责任以及股东的有限责任，严重损害 B 公司债权人利益，可以否认 B 公司的法人人格，判令 A 公司就 B 公司对周某的借款债务承担连带清偿责任。

9. 就甲公司应当对吴某死亡后果承担的数额为 270 万元侵权损害赔偿责任，法院能否判决李某承担连带责任？为什么？

**【个人作答】**______________________________

______________________________

______________________________

学有所记：

学有所悟：

学有所记：

学有所悟：

【考点】法人人格否认

【解析】①《民法典》第83条第二款规定："营利法人的出资人不得滥用法人独立地位和出资人有限责任损害法人债权人的利益；滥用法人独立地位和出资人有限责任，逃避债务，严重损害法人债权人的利益的，应当对法人债务承担连带责任。"

②《九民纪要》第12条规定："资本显著不足指的是，公司设立后在经营过程中，股东实际投入公司的资本数额与公司经营所隐含的风险相比明显不匹配。股东利用较少资本从事力所不及的经营，表明其没有从事公司经营的诚意，实质是恶意利用公司独立人格和股东有限责任把投资风险转嫁给债权人。由于资本显著不足的判断标准有很大的模糊性，特别是要与公司采取'以小博大'的正常经营方式相区分，因此在适用时要十分谨慎，应当与其他因素结合起来综合判断。"

③经营小汽车客运出租业务，具有较大的投资风险，一旦运营的小汽车发生道路交通事故致人重伤或者死亡，侵权损害赔偿责任一般在100万元以上。李某将全部投资分散设立十个有限责任公司，每个有限责任公司仅投入50万元运营，投入运营的资本数额与公司经营所隐含的风险明显不匹配（明显不相称），致使甲公司经营的资产（59万元）不足以承担应当对死者吴某继承人数额为270万元的侵权损害赔偿责任，根据《九民纪要》第12条规定的精神，同时根据《民法典》第83条第二款的规定，应当认定

甲公司的控制股东李某滥用了甲公司的独立责任和甲公司股东的有限责任，严重损害甲公司债权人的利益，在吴某继承人对甲公司的侵权之诉中，可以否认甲公司的法人人格，判令实施滥用行为的李某承担连带责任。

【参考答案】法院可以判决李某对甲公司的侵权责任承担连带责任。理由在于：李某将资本分散投资，每个经营小汽车出租运营的有限责任公司仅投入全部资本的十分之一（50万元），投入运营的资本数额与公司经营所隐含的风险明显不匹配，致使甲公司经营的资产（59万元）不足以承担应当对死者吴某继承人数额为270万元的侵权损害赔偿责任，根据《九民纪要》第12条规定的精神，同时根据《民法典》第83条第二款的规定，应当认定甲公司的控制股东李某滥用了甲公司的独立责任和甲公司股东的有限责任，严重损害甲公司债权人的利益，在吴某继承人对甲公司的侵权之诉中，可以否认甲公司的法人人格，判令实施滥用行为的李某承担连带责任。

## 题目三

案情：【1】甲公司向乙公司出售大米1000吨，总价款400万元，甲公司坚持乙公司一次性支付全部货款。为此，2021年3月1日，甲公司、乙公司与丙银行签订了《三方合作协议书》，主要内容为："第一，丙银行签发（乙公司为出票人、丙银行为承兑人、甲公司为收款人）400万元的银行承兑汇票，并交付给甲公司。第二，乙公司在丙银行开立'保证金专户'，并按约分期存入保证金，汇票到期日前乙公司存入的保证金总额须达到450万元。汇票付款义务到期后，丙银行有权在450万元范围内自保证金专户扣划相应的金钱以充抵丙银行对乙公司的债权。第三，丙

学有所记：

学有所悟：

学有所记：

银行根据乙公司交付保证金的情况向甲公司签发提货单；甲公司根据提货单确定的数额向丙银行指定的人（乙公司或其他人）发货（交付大米）。第四，汇票到期日，就已存入保证金与承兑汇票之间的差额部分，由甲公司与乙公司对丙银行承担连带清偿责任。”

【2】2021年3月5日，甲公司、乙公司、丙银行与丁（物流）公司订立《补充协议》约定：“在2021年3月1日订立的《三方合作协议书》的基础上，补充增加以下内容：第一，丙银行根据乙公司存入保证金的情况向甲公司签发提货单后，甲公司根据提货单确定的数额将大米交付给丁（物流）公司存放于其仓库监管，并以丁公司监管的大米为标的物为丙银行设立动产质权。第二，丙银行委托丁公司对甲公司依照提货单交付的大米履行动产质押‘监管义务’；丙银行根据乙公司交付保证金的情况向丁公司签发提货单，丁公司根据提货单确定的数额向乙公司交货；丁公司必须保证所监管的作为质押标的物的货物（大米）的市场价值不低于200万元。”

学有所悟：

【3】《三方合作协议书》与《补充协议》签订后，甲公司、丙银行均按约履行了义务。2022年3月1日，汇票到期，乙公司仅向保证金专户存入200万元保证金，剩余250万元乙公司暂时无力支付。同时，因丁公司在监管过程中违反《补充协议》（丁公司在未接到丙银行签发的提货单的前提下）向乙公司几次放货，致使丁公司所监管的货物（大米）的市价价值仅为50万元，不足约定的200万元。2022年3月10日，丙银行以丁公司违反监管义务为由，诉请丁公司对乙公司暂时无力支付的250万元承担连带赔偿责任。

【4】2022年4月1日，甲公司又向乙公司出售大米1000吨，总价款600万元，首付100万元，剩余价款500万元6个月后一次性支付。为担保剩余500万元价款支付义务，甲公司与乙公司约定，以乙公司持有的A有限责任公司9%的股份为标的物为甲公司设立权利质权担保，双方为甲公司办理了质押登记（甲公司并非A有限责任公司的股东）。2022年10月10日，因乙公司到期未支付剩余的500万元大米价款，甲公司与乙公司达成如下协议：由甲公司取得乙公司出质的股权，折抵乙公司对甲公司的500万元到期大米价款。甲公司与乙公司达成该协议后，立即通知了A有限责任公司的其他股东。

**问题：**

1.《三方合作协议书》于2021年3月1日订立后，乙公司与丙银行之间因《三方合作协议书》成立何种内容的民事法律关系？

**【个人作答】**

**【考点】** 保兑仓交易中各方当事人之间的民事法律关系

**【解析】** ①《九民纪要》第68条第一款规定：“保兑仓交易作为一种新类型融资担保方式，其基本交易模式是，以银行信用为载体、以银行承兑汇票为结算工具、由银行控制货权、卖方（或者仓储方）受托保管货物并以承兑汇票与保证金之间的差额作为担保。其基本的交易流程是：

学有所记：

学有所悟：

学有所记：

学有所悟：

卖方、买方和银行订立三方合作协议，其中买方向银行缴存一定比例的承兑保证金，银行向买方签发以卖方为收款人的银行承兑汇票，买方将银行承兑汇票交付卖方作为货款，银行根据买方缴纳的保证金的一定比例向卖方签发提货单，卖方根据提货单向买方交付对应金额的货物，买方销售货物后，将货款再缴存为保证金。”

②《九民纪要》第68条第二款规定：“在三方协议中，一般来说，银行的主要义务是及时签发承兑汇票并按约定方式将其交给卖方，卖方的主要义务是根据银行签发的提货单发货，并在买方未及时销售或者回赎货物时，就保证金与承兑汇票之间的差额部分承担责任。银行为保障自身利益，往往还会约定卖方要将货物交给由其指定的当事人监管，并设定质押，从而涉及监管协议以及流动质押等问题。实践中，当事人还可能在前述基本交易模式基础上另行作出其他约定，只要不违反法律、行政法规的效力性强制性规定，这些约定应当认定有效。”

③《民法典》第919条规定：“委托合同是委托人和受托人约定，由受托人处理委托人事务的合同。”甲公司、乙公司与丙银行通过《三方合作协议书》成立的保兑仓交易中，乙公司委托丙银行代为支付乙公司因购买大米须向甲公司支付的400万元价款，符合委托合同的特征。

④《民法典》第667条规定：“借款合同是借款人向贷款人借款，到期返还借款并支付利息的合同。”甲公司、乙公司与丙银行通过《三方合作协议书》成立的保兑仓交易中，丙银行通过对汇票予以承兑并承诺自行（或委托他人）到期付款的方式向乙公司提供本金为400万元的借款，约定借期利息为50万元，符合借款合同的特征。

⑤《民法典》第425条第一款规定：“为担保债务的履行，债务人或者第三人将其动产出质给债权人占有的，债

务人不履行到期债务或者发生当事人约定的实现质权的情形，债权人有权就该动产优先受偿。”《民法典担保制度解释》第70条第一款规定：“债务人或者第三人为担保债务的履行，设立专门的保证金账户并由债权人实际控制，或者将其资金存入债权人设立的保证金账户，债权人主张就账户内的款项优先受偿的，人民法院应予支持。当事人以保证金账户内的款项浮动为由，主张实际控制该账户的债权人对账户内的款项不享有优先受偿权的，人民法院不予支持。”《民法典担保制度解释》第70条第二款规定：“在银行账户下设立的保证金分户，参照前款规定处理。”由于金钱适用“占有即所有”规则，因此，以金钱为标的物设立动产质权的，除质押合同有效、出质人拥有相应处分权、将质物交付债权人占有之外，须通过特户、封金、保证金等形式使出质的金钱“特定化”，从而，使得出质的金钱交付后，债权人仅取得质权，出质金钱的所有权仍归属出质人享有。甲公司、乙公司与丙银行通过《三方合作协议书》成立的保兑仓交易中，乙公司在丙银行开立“保证金专户”，并按约分期存入保证金，汇票到期日前乙公司存入的保证金总额须达到450万元。汇票付款义务到期后，丙银行有权在450万元范围内自保证金专户扣划相应的金钱以充抵丙银行对乙公司的债权，符合金钱质押的特征。

**【参考答案】**乙公司与丙银行之间因《三方合作协议书》成立以下内容的民事法律关系：第一，委托合同。乙公司委托丙银行代为支付大米买卖合同项下的货款支付义务。第二，借款合同。丙银行以签发并承兑汇票的方式向乙公司提供本金为400万元借款（约定利息50万元）。第三，金钱质押。以存入保证金专户的特定化的金钱为标的物为丙银行设立质权。

学有所记：

学有所悟：

学有所记：

学有所悟：

2.《三方合作协议书》于2021年3月1日订立后，甲公司与丙银行之间因《三方合作协议书》成立何种内容的民事法律关系？

【个人作答】

【考点】保兑仓交易中各方当事人之间的民事法律关系

【解析】①在保兑仓交易中，丙银行需要控制货权（对甲公司出卖给乙公司大米的货物控制权）。为了控制货权，丙银行委托甲公司根据丙银行签发的提货单将指定数额的大米交付指定的人。这符合《民法典》第919条所规定的委托合同的特征，甲公司与丙银行间因此成立委托合同。

②在担保保兑仓交易中，为担保乙公司（买方）对丙银行借款合同义务的履行，一方面乙公司以向保证金专户中存入的金钱为标的物为丙银行设立动产质权；另一方面，对汇票到期日已存入保证金与汇票本金加约定利息之间的差额，甲公司须作为保证人对丙银行承担保证责任，保证方式为连带责任保证。

③《民法典》第681条规定："保证合同是为保障债权的实现，保证人和债权人约定，当债务人不履行到期债务或者发生当事人约定的情形时，保证人履行债务或者承担责任的合同。"《民法典》第688条第一款规定："当事人在保证合同中约定保证人和债务人对债务承担连带责任的，

为连带责任保证。”甲公司、乙公司与丙银行在《三方合作协议书》中约定：“汇票到期日，就已存入保证金与承兑汇票之间的差额部分，由甲公司与乙公司对丙银行承担连带清偿责任。”这一约定内容，明确约定甲公司对差额部分承担连带清偿责任，完全符合连带责任保证的特征。

【参考答案】甲公司与丙银行之间因《三方合作协议书》成立以下内容的民事法律关系：第一，委托合同。丙银行委托甲公司依照提货单的指示发货，并交付指定的人。第二，保证合同。对汇票到期日已存入保证金与承兑汇票之间的差额，甲公司对丙银行承担连带责任保证。

3.《补充协议》于2021年3月5日订立后，丙银行与丁公司之间因《补充协议》成立何种内容的民事法律关系？

【个人作答】________________________________

________________________________________

________________________________________

________________________________________

________________________________________

________________________________________

________________________________________

________________________________________

【考点】保兑仓交易中各方当事人之间的民事法律关系

【解析】①《补充协议》约定：“第一，丙银行根据乙公司存入保证金的情况向甲公司签发提货单后，甲公司根据提货单确定的数额将大米交付给丁（物流）公司存放于其仓库监管，并以丁公司监管的大米为标的物为丙银行设立动产质权。第二，丙银行委托丁公司对甲公司依照提货单交付的大米履行动产质押‘监管义务’；丙银行根据乙公司交付保证金的情况向丁公司签发提货单，丁公司根据提

学有所记：

学有所悟：

学有所记：

学有所悟：

货单确定的数额向乙公司交货；丁公司必须保证所监管作为质押标的物的货物（大米）的市场价值不低于200万元。”

②在保兑仓交易中，监管人（丁公司）与债权人（丙银行）之间的质物监管协议成立何种性质与内容的民事法律关系，有一定的争议，如保管合同、仓储合同、监管合同（混合合同）、委托合同等。多数观点认为，监管人（丁公司）与债权人（丙银行）之间的质物监管协议是质权人（丙银行）概括委托监管人（丁公司）处理与质物保管、监督相关的一切事物的委托合同。

【参考答案】丙银行与丁公司之间因《补充协议》成立委托合同。丙银行委托丁公司对交付出质的动产履行监管义务，保证监管的货物价值或者数量不低于双方约定的数额；若丁公司因过错违反监管义务，并因此造成丙银行借款债权不能实现的损害，丙公司有权请求丁公司承担违约损害赔偿责任。

4.《补充协议》于2021年3月5日订立后，乙公司与丙银行之间因《补充协议》成立何种内容的民事法律关系？

【个人作答】

【考点】保兑仓交易中各方当事人之间的民事法律关系

【解析】①《民法典担保制度解释》第55条第一款规

定："债权人、出质人与监管人订立三方协议，出质人以通过一定数量、品种等概括描述能够确定范围的货物为债务的履行提供担保，当事人有证据证明监管人系受债权人的委托监管并实际控制该货物的，人民法院应当认定质权于监管人实际控制货物之日起设立。监管人违反约定向出质人或者其他人放货、因保管不善导致货物毁损灭失，债权人请求监管人承担违约责任的，人民法院依法予以支持。"

②《民法典担保制度解释》第55条第二款规定："在前款规定情形下，当事人有证据证明监管人系受出质人委托监管该货物，或者虽然受债权人委托但是未实际履行监管职责，导致货物仍由出质人实际控制的，人民法院应当认定质权未设立。债权人可以基于质押合同的约定请求出质人承担违约责任，但是不得超过质权有效设立时出质人应当承担的责任范围。监管人未履行监管职责，债权人请求监管人承担责任的，人民法院依法予以支持。"

③《民法典》第429条规定："质权自出质人交付质押财产时设立。"据此，动产质权设立的要件有三：第一，质押合同有效；第二，出质人享有相应的处分权；第三，已经依照法定方式完成公示，即出质人已经向债权人完成出质动产的交付（须注意：可采用交付类型有限制，若仅以占有改定方式完成交付，占有改定之时，不发生动产质权设立效果）。

④在该保兑仓交易中，是以丁公司监管的动产（大米）作为标的物为债权人（丙银行）设立"动产流动质权"，其特点在于：第一，动产质权设立后，质权实现前，质押的动产"不特定"，处于"流动状态"。甲公司交付给丁公司监管的大米，自动进入质押关系，成为质押财产；丁公司依照丙银行签发的提货单确定的数量放货给乙公司的大米，自动解除质押关系。（旧质权不断消灭，新质权不断产

学有所记：

学有所悟：

学有所记：

学有所悟：

生。）第二，在丙银行（债权人、质权人）实现质权时，质押的动产范围确定，动产“特定化”。

【参考答案】丙银行与乙公司之间因《补充协议》成立动产流动质押。丁公司监管的货物归乙公司所有，乙公司作为出质人，以丁公司监管的货物为标的物，为丙银行设立动产流动质押。因丁公司是受丙银行的委托监管质物，因此，甲公司将大米交付于丁公司时，质权设立。

5.《补充协议》于2021年3月5日订立后，甲公司根据丙银行签发的提货单，将相应数额的大米交付给丁公司且丁公司履行相应监管义务之时，甲公司交付给丁公司的大米归谁所有？为什么？

【个人作答】

【考点】基于法律行为的动产物权变动；占有改定

【解析】①《民法典》第228条规定：“动产物权转让时，当事人又约定由出让人继续占有该动产的，物权自该约定生效时发生效力。”《补充协议》订立后，甲公司根据丙银行签发的提货单，将相应的大米交付给丁公司且丁公司履行相应的监管义务的，一方面，该行为具有甲公司将相应大米所有权移转给乙公司享有的意思；另一方面，根据《补充协议》须以相应大米为标的物为丙银行设立质权且由丁公司直接占有并监管，因此，乙公司仅基于质押合同这一占有媒介关系取得相应大米的间接占有。因此，甲公司根据丙银行签发的提货单，将相应的大米交付给丁公司且丁公司履行相应的监管义务之时，即甲公司基于大米买卖合同以占有改定方式向乙公司完成出售大米的交付之时。

②《民法典》第224条规定："动产物权的设立和转让，自交付时发生效力，但是法律另有规定的除外。"如前所述，甲公司根据丙银行签发的提货单，将相应的大米交付给丁公司且丁公司履行相应的监管义务之时，即甲公司基于大米买卖合同以占有改定方式向乙公司完成出售大米的交付之时，且甲公司、乙公司之间的买卖合同有效，甲公司拥有相应的处分权，因此，根据《民法典》第224条的规定，甲公司将相应大米交付给丁公司之时，由乙公司取得所有权。

**【参考答案】**甲公司交付给丁公司的大米由乙公司取得所有权。理由在于：甲公司根据丙银行签发的提货单将大米交付给丁公司之时，即甲公司以占有改定的方式向乙公司完成出卖大米的交付，甲公司与乙公司的大米买卖合同有效，且甲公司拥有相应的处分权，根据《民法典》第224条的规定，相应大米的所有权由甲公司移转归乙公司享有。

6.《补充协议》于2021年3月5日订立后，甲公司根据丙银行签发的提货单，将相应的大米交付给丁公司且丁公司履行相应监管义务之时，对甲公司交付给丁公司的大米，丙银行是否享有质权？为什么？

**【个人作答】**______________________________

______________________________

______________________________

学有所记：

学有所悟：

学有所记：

学有所悟：

【考点】动产流动质权的设立规则；现实交付

【解析】①《民法典》第429条规定："质权自出质人交付质押财产时设立。"依据《补充协议》，以甲公司根据提货单交付给丁公司监管的大米为标的物为丙银行设立动产流动质权时，亦应适用《民法典》第429条规定的动产质权设立规则，丙银行对丁公司所监管大米的动产流动质权设立，其要件有三：第一，出质人乙公司与丙银行间的质押合同有效；第二，出质人乙公司对出质动产享有相应的处分权；第三，出质人乙公司已经以现实交付、简易交付或者指示交付的方式向丙银行完成出质动产的交付。

②由于丁公司系受丙银行的委托履行监管职责，因此，甲公司根据提货单将相应大米交付给丁公司并且丁公司履行相应监管职责之时，根据《民法典担保制度解释》第55条第一款的规定，即为出质人乙公司以现实交付的方式向债权人丙银行完成出质动产的交付之时，根据《民法典》第429条的规定，丙银行对相应大米的动产流动质权设立。

【参考答案】对甲公司交付给丁公司的大米，丙银行享有质权。理由在于：丁公司系受丙银行的委托履行监管职责，因此，甲公司根据提货单将相应大米交付给丁公司并且丁公司履行相应监管职责之时，根据《民法典担保制度解释》第55条第一款的规定，即为出质人乙公司以现实交付的方式向债权人丙银行完成出质动产的交付之时，根据《民法典》第429条的规定，丙银行对相应大米的动产流动质权设立。

7. 2022 年 3 月 10 日，丙银行以丁公司违反监管义务为由，诉请丁公司对乙公司暂时无力支付的 250 万元承担连带赔偿责任。丙银行的这一诉讼请求应否得到支持？为什么？

【个人作答】

【考点】动产质押监管协议监管人违反监管义务给债权人造成损失的责任

【解析】①如前所述，丙银行与丁公司之间因《补充协议》成立委托合同。即丙银行委托丁公司对交付出质的动产履行监管义务，保证监管的货物价值或者数量不低于双方约定的数额；若丁公司因过错违反监管义务，并因此造成丙银行借款债权不能实现的损害，丙公司有权请求丁公司承担违约损害赔偿责任。

②丁公司因过错违反监管义务，若导致丙银行债权不能得以实现遭受损失，违反监管义务的丁公司应对丙银行承担如何内容的损害赔偿责任，现行法未作明确规定。根据最高人民法院公布案例所遵循的裁判规则［“大连俸旗投资管理有限公司与中国外运辽宁储运公司等借款合同纠纷案”，最高人民法院民事判决书（2016）最高法民终 650 号，载最高人民法院公报（2017 年卷）第 369 页］，若丁公司因过错违反监管义务给丙银行造成损失，丁公司仅承担与其过错相应的补充责任。

学有所记：

学有所悟：

学有所记：

【参考答案】丙银行诉请丁公司因违反监管义务对乙公司暂时无力支付的 250 万元承担连带责任的诉讼请求不应当得到法院的支持。理由在于：因《补充协议》，丁公司与丙银行成立委托合同，若丁公司因违反监管义务给丙银行造成损失，应承担损害赔偿责任。但承担如何内容的损害赔偿责任，现行法未作明确规定，根据最高人民法院公报案例认可的裁判规则，若丁公司因过错违反监管义务给丙银行造成损失，丁公司仅承担与其过错相应的补充责任，即在对乙公司强制执行后丙银行债权仍不能获得清偿的部分，丁公司承担与其过错相应的补充赔偿责任。

8. 2022 年 10 月 10 日，甲公司与乙公司达成由甲公司取得乙公司出质的 A 有限责任公司 9% 股份的协议，并通知了 A 有限责任公司的其他股东。甲公司能否根据这一协议确定取得这 9% 的股份？为什么？

【个人作答】________________________________

学有所悟：

【考点】以有限责任公司股权出质的权利质权实现程序

【解析】①根据《担保法》第 78 条第三款的规定，以有限责任公司的股份出质的，适用公司法股份转让的有关规定。虽然《民法典》实施后，《担保法》废止，但是，《担保法》第 78 条第三款所规定的规则，仍可作为主要素材用于填补法律漏洞。

②《公司法》第71条第二款规定："股东向股东以外的人转让股权，应当经其他股东过半数同意。股东应就其股权转让事项书面通知其他股东征求同意，其他股东自接到书面通知之日起满三十日未答复的，视为同意转让。其他股东半数以上不同意转让的，不同意的股东应当购买该转让的股权；不购买的，视为同意转让。"《公司法》第71条第三款规定："经股东同意转让的股权，在同等条件下，其他股东有优先购买权。两个以上股东主张行使优先购买权的，协商确定各自的购买比例；协商不成的，按照转让时各自的出资比例行使优先购买权。"《公司法》第71条第四款规定："公司章程对股权转让另有规定的，从其规定。"

③因甲公司此前并非A有限责任公司的股东，甲公司与乙公司达成由甲公司取得乙公司出质的A有限责任公司9%股份的协议，因为该协议将导致A有限责任公司股权移转给股东以外的人（甲公司），因此，须受《公司法》第71条规定的强制性规范限制。具体而言：第一，若A有限责任公司的其他股东过半数同意该协议，且没有股东行使优先购买权的，甲公司成为A有限责任公司的股东，持有9%的股份；第二，若A有限责任公司其他股东过半数同意该协议，但有股东行使优先购买权，甲公司不能成为A有限责任公司的股东，甲公司只能对行使优先购买权的股东所支付的价款优先受偿；第三，若A有限责任公司其他股东半数以上不同意该协议，且不同意的股东购买这9%的股份，则甲公司不能成为A有限责任公司的股东，甲公司只能对购买股份的股东所支付的价款行使优先受偿权；第四，若A有限责任公司其他股东半数以上不同意该协议，但不同意的股东均拒绝购买这9%的股份，视为同意转让，甲公司成为A有限责任公司的股东，持有9%的股份。

学有所记：

学有所悟：

学有所记：

学有所悟：

【参考答案】通知A有限责任公司的其他股东后，甲公司不一定能够取得这9%的股份。理由在于：甲公司此前并非A有限责任公司的股东，甲公司与乙公司达成由甲公司取得乙公司出质的A有限责任公司9%股份的协议，因为该协议将导致A有限责任公司股权移转给股东以外的人（甲公司），因此，须受《公司法》第71条规定的强制性规范限制。具体而言：第一，若A有限责任公司的其他股东过半数同意该协议，且没有股东行使优先购买权的，甲公司成为A有限责任公司的股东，持有9%的股份；第二，若A有限责任公司其他股东过半数同意该协议，但有股东行使优先购买权，甲公司不能成为A有限责任公司的股东，甲公司只能对行使优先购买权的股东所支付的价款优先受偿；第三，若A有限责任公司其他股东半数以上不同意该协议，且不同意的股东购买这9%的股份，则甲公司不能成为A有限责任公司的股东，甲公司只能对购买股份的股东所支付的价款行使优先受偿权；第四，若A有限责任公司其他股东半数以上不同意该协议，但不同意的股东均拒绝购买这9%的股份，视为同意转让，甲公司成为A有限责任公司的股东，持有9%的股份。

## 题目四

**案情：**【1】2021年1月15日，甲公司与乙公司订立《借款合同A》约定："乙公司出借给甲公司1000万元，借期1年，自2021年2月2日至2022年2月1日。考虑到乙公司出借给甲公司的借款来源于乙公司向本单位职工集资取得的借款，甲公司按15%的年利率支付利息。"乙公司按约向甲公司提供了借款的本金。2021年1月16日，丙公司（系一经营钢材的公司）与乙公司订立《保证合同》约定："甲公司基于《借款合同A》对乙公司负担的借款债务，由丙公司提供连带责任保证；经确认《借款合同A》的合同内容后，双方特别约定，丙公司与乙公司的《保证合同》的效力不受《借款合同A》效力的影响。"后，约定的借期届满时（2022年2月2日），甲公司无力对乙公司还本付息。

【2】2022年3月1日，甲公司与乙公司订立《双方以物抵债协议》约定："在扣除丙公司已经向乙公司支付的部分后，甲公司基于《借款合同A》应当对乙公司支付的到期金钱债务的数额确定为600万元；甲公司将其对A产品的外观设计专利权转给乙，用以抵偿甲公司对乙公司负担的这600万元金钱债务，甲公司须于2022年4月1日之前为乙公司办理专利权的过户登记。"双方未作其他约定。后经乙公司多次请求，直到2022年5月1日，甲公司既未为乙公司办理专利权的过户登记，亦未偿还600万元金钱债务。

【3】由于有人申请宣告甲公司对A产品的外观设计专利权无效，2022年6月1日，甲公司、乙公司、丙公司订立《三方以物抵债协议》约定："甲公司对乙公司的600万元金钱债务的履行期限顺延至2022年9月1日（甲公司不支付顺延期间的利息），丙公司将其B房屋所有权过户至乙公司名下。若甲公司于9月1日前偿还600万元金钱债务，乙公司将B房屋回转登记至丙公司名下；若甲公司未于9月1日前偿还600万元金钱债务，丙公司向乙公司交付B房屋，由乙公司终局确定取得B房屋所有权，优先抵偿甲公司对乙公司的600万元金钱债务，无须另作清算。"丙公司按约于2022年6月2日为乙公司办理了B房屋的过户

学有所记：

学有所悟：

学有所记：

学有所悟：

登记。

【4】2021年3月1日，丙公司与丁公司订立编号为“007”的《钢材买卖合同》约定：“丙公司向丁公司出售钢材1000吨，价款400万元。丙公司须于2021年6月1日之前交付全部钢材；丁公司须于2021年8月1日前一次性支付全部价款。双方均不得将合同债权转让给第三人。”

【5】2021年5月1日，丙公司与戊银行订立编号为“114”的《保理合同》约定：“①戊银行向丙公司提供300万元的保理融资款，融资期限为4个月，自2021年5月2日至2021年9月1日。②保理融资款本金、利息、保理服务费用及其他必要费用一揽子约定为350万元。③丙公司将其基于编号为‘007’的《钢材买卖合同》对丁公司享有的400万元应收账款债权转让给戊银行。④保理合同为明保理、无追索权保理。”《保理合同》订立后，戊银行按约向丙公司提供了保理融资款，戊银行发给丁公司的应收账款转让通知（通知表明了戊银行的保理人身份并附有必要凭证）于2021年5月10日到达丁公司，丁公司收到通知后立即向戊银行书面表示应收账款转让违反丙公司与丁公司不得转让的约定，丁公司不予承认。因丁公司一直未向戊银行履行，2021年9月2日，戊银行请求丁公司支付到期的400万元应收账款，丁公司又以丙公司未按约向丁公司履行交付钢材的义务为由抗辩（丁公司的抗辩属实），拒绝支付。

**问题：**

1. 2022年2月2日后，乙公司是否有权请求丙公司承担连带责任保证？为什么？

**【个人作答】** ______

学有所记：

【考点】担保合同效力上的从属性

【解析】①《民法典担保制度解释》第2条第一款规定："当事人在担保合同中约定担保合同的效力独立于主合同，或者约定担保人对主合同无效的法律后果承担担保责任，该有关担保独立性的约定无效。主合同有效的，有关担保独立性的约定无效不影响担保合同的效力；主合同无效的，人民法院应当认定担保合同无效，但是法律另有规定的除外。"《民法典担保制度解释》第2条第二款规定："因金融机构开立的独立保函发生的纠纷，适用《最高人民法院关于审理独立保函纠纷案件若干问题的规定》。"丙公司与乙公司的《保证合同》约定，该保证合同具有效力上的独立性（即约定排除保证合同效力上的从属性），由于该《保证合同》不属于金融机构出具的独立保函，不属于法律例外规定可以具有效力上独立性的担保合同类型，因此，双方关于该保证合同具有效力上独立性的约定部分无效，丙公司与乙公司的《保证合同》应当认定为具有效力上从属性的保证合同。

②《民法典》第682条第一款规定："保证合同是主债权债务合同的从合同。主债权债务合同无效的，保证合同无效，但是法律另有规定的除外。"《民间借贷规定》第13条规定："具有下列情形之一的，人民法院应当认定民间借贷合同无效：（一）套取金融机构贷款转贷的；（二）以向

学有所悟：

学有所记：

其他营利法人借贷、向本单位职工集资，或者以向公众非法吸收存款等方式取得的资金转贷的；（三）未依法取得放贷资格的出借人，以营利为目的向社会不特定对象提供借款的；（四）出借人事先知道或者应当知道借款人借款用于违法犯罪活动仍然提供借款的；（五）违反法律、行政法规强制性规定的；（六）违背公序良俗的。”据此，由于乙公司出借给甲公司的借款来源于乙公司向本单位职工集资，因此，甲公司与乙公司的借款合同无效；进而，基于保证合同效力上的从属性，丙公司与乙公司的保证合同因借款合同无效而无效，丙公司对乙公司不承担保证责任。

**【参考答案】**乙公司无权请求丙公司承担连带责任保证。理由在于：①丙公司与乙公司的保证合同不属于法律例外规定可以具有效力上独立性的担保合同类型（如金融机构出具的独立保函），根据《民法典担保制度解释》第2条的规定，保证合同中约定该保证合同具有效力上独立的部分无效，丙公司与乙公司的保证合同应当认定为具有效力上从属性的保证合同；②乙公司将向本单位职工集资取得的资金转贷给甲公司，根据《民间借贷规定》第13条的规定，甲公司与乙公司的借款合同无效；③基于保证合同效力上的从属性，丙公司与乙公司的保证合同因借款合同无效而无效，乙公司无权请求丙公司承担保证责任。

学有所悟：

2. 2022年2月2日后，乙公司是否有权请求丙公司承担损害赔偿责任？若有权，乙公司有权请求丙公司承担多大范围的损害赔偿责任？

**【个人作答】**________________________________

【考点】保证合同无效时保证人的缔约过失损害赔偿责任

【解析】《民法典》第682条第二款规定："保证合同被确认无效后，债务人、保证人、债权人有过错的，应当根据其过错各自承担相应的民事责任。"《民法典担保制度解释》第17条第二款规定："主合同无效导致第三人提供的担保合同无效，担保人无过错的，不承担赔偿责任；担保人有过错的，其承担的赔偿责任不应超过债务人不能清偿部分的三分之一。"据此，丙公司明知借款合同（主合同）存在无效事由，仍向乙公司提供保证担保，保证人丙公司对保证合同因主合同无效而无效具有过错，保证人丙公司应当向乙公司承担缔约过失损害赔偿责任，但在责任范围上，丙公司对乙公司承担缔约过失损害赔偿责任的范围不应超过甲公司不能清偿部分的三分之一。

【参考答案】丙公司明知借款合同（主合同）存在无效事由，仍向乙公司提供保证担保，保证人丙公司对保证合同因主合同无效而无效具有过错，保证人丙公司应当向乙公司承担缔约过失损害赔偿责任，但在责任范围上，丙公司对乙公司承担缔约过失损害赔偿责任的范围不应超过甲公司不能清偿部分的三分之一。

3. 甲公司与乙公司于2022年3月1日订立的《双方以物抵债协议》，发生什么内容的民法效果？

【个人作答】

学有所记：

学有所悟：

学有所记：

学有所悟：

【考点】以物抵债；新债清偿

【解析】①甲公司与乙公司订立的《双方以物抵债协议》，属于甲公司对乙公司的600万元金钱债务到期后订立的以物抵债协议，法律效果如何，须根据案件事实，并解释双方的意思表示，确定其性质，并产生相应的法律效果。主要类型有二：第一，债务更新；第二，新债清偿。

②债务更新，又称“债务更改”，指以物抵债协议约定成立新债务，并同时消灭原债务。具体到本题而言，若甲公司、乙公司在《双方以物抵债协议》中约定“自《双方以物抵债协议》生效时，甲公司对乙公司负担的600万元金钱债务消灭”，则《双方以物抵债协议》成立债务更新，其法律效果是：原债（600万元金钱债务）消灭，仅成立新债（办理专利权的过户登记）；乙公司只有权请求甲公司履行办理专利权过户登记的义务。本题不属于这一情形。

③新债清偿，指以物抵债协议约定为清偿旧债务，再成立一个新债务，先以新债清偿，新债清偿时，新债与旧债同时消灭；若新债清偿实现不了，再就旧债获得清偿，旧债清偿时，新债与旧债同时消灭。具体到本题而言，若甲公司、乙公司未于《双方以物抵债协议》中明确约定“甲公司对乙公司负担的600万元金钱债务消灭”，则《抵债协议》成立新债清偿，其法律效果是：(a)新债（办理专利权的过户登记）与旧债（600万元金钱债务）同时并存。(b)基于意思自治和诚实信用，原则上，债权人（清

偿受领人）乙公司只能请求债务人（清偿人）甲公司履行新债，新债被清偿时，新债与旧债一并消灭。（c）若债务人甲公司不履行新债，并因此导致债权人乙公司订立“以物抵债协议”的目的不能实现，则乙公司有权请求甲公司恢复对旧债的履行，旧债被清偿时，新债与旧债一并消灭。本题属于此种情形。

【参考答案】因《双方以物抵债协议》未明确约定《双方以物抵债协议》生效时原债（甲公司对乙公司的600万元金钱债务）消灭，《双方以物抵债协议》不属于债务更新（又称“债务更改”），而属于新债清偿，其法律效果是：《双方以物抵债协议》成立并生效时，原债（600万元金钱债务）与新债（办理专利权过户登记）同时并存，原则上，乙公司应当请求甲公司履行新债（办理专利权过户登记），甲公司清偿新债时，原债与新债同时消灭；若甲公司不按约履行新债，导致乙公司订立《双方以物抵债协议》的目的不能实现，乙公司有权选择重新请求甲公司履行原债（600万元金钱债务），甲公司清偿原债时，原债与新债同时消灭。

4.《三方以物抵债协议》订立后，若甲公司未按约于9月1日前清偿600万元金钱债务，乙公司能否按照《三方以物抵债协议》的约定终局确定取得对B房屋的所有权？为什么？

【个人作答】______________________________

______________________________

______________________________

______________________________

______________________________

______________________________

学有所记：

学有所悟：

学有所记：

学有所悟：

【考点】让与担保

【解析】①虽然《三方以物抵债协议》采用了“以物抵债协议”的称谓，但是，其约定的内容为丙公司将其B房屋所有权在形式上移转至乙公司名下，用以担保甲公司对乙公司的600万元金钱债务，同时，已经完成将B公司所有权移转至乙公司名下的公示方式（已经办理了B房屋的过户登记），因此，《三方以物抵债协议》属于让与担保，应当作为让与担保对待，而不能作为以物抵债对待。

②《民法典担保制度解释》第68条第二款规定：“债务人或者第三人与债权人约定将财产形式上转移至债权人名下，债务人不履行到期债务，财产归债权人所有的，人民法院应当认定该约定无效，但是不影响当事人有关提供担保的意思表示的效力。当事人已经完成财产权利变动的公示，债务人不履行到期债务，债权人请求对该财产享有所有权的，人民法院不予支持；债权人请求参照民法典关于担保物权的规定对财产折价或者以拍卖、变卖该财产所得的价款优先受偿的，人民法院应予支持；债务人履行债务后请求返还财产，或者请求对财产折价或者以拍卖、变卖所得的价款清偿债务的，人民法院应予支持。”据此，在丙公司与乙公司的让与担保协议中，下述约定，即“若甲公司未于9月1日前偿还600万元金钱债务，由乙公司终局确定取得B房屋所有权，优先抵偿甲公司对乙公司的600万元金钱债务，无须另作清算”属于“流担保条款”，根据《民法典担保制度解释》第68条第二款的规定，该流担保条款无效（也可以表述为“不发生物权效力”）。因此，若甲公司未按约于9月1日前清偿600万元金钱债务，乙公司不能按照该约定终局确定取得对B房屋的所有权。

【参考答案】乙公司不能按照《三方以物抵债协议》的约定终局确定取得B房屋的所有权。理由在于：《三方以物抵债协议》虽有"以物抵债"之名，实为设立"让与担保"，应作为让与担保处理。在丙公司与乙公司的让与担保协议中，下述约定，即"若甲公司未于9月1日前偿还600万元金钱债务，由乙公司终局确定取得B房屋所有权，优先抵偿甲公司对乙公司的600万元金钱债务，无须另作清算"属于"流担保条款"，根据《民法典担保制度解释》第68条第二款的规定，该流担保条款无效。因此，若甲公司未按约于9月1日前清偿600万元金钱债务，乙公司不能按照该约定终局确定取得对B房屋的所有权。

5.《三方以物抵债协议》订立后，若甲公司未按约于9月1日前清偿600万元金钱债务，乙公司为维护其权益，有权采取何种行为？为什么？

【个人作答】

【考点】让与担保

【解析】①《民法典担保制度解释》第68条第一款规定："债务人或者第三人与债权人约定将财产形式上转移至债权人名下，债务人不履行到期债务，债权人有权对财产折价或者以拍卖、变卖该财产所得价款偿还债务的，人民法院应当认定该约定有效。当事人已经完成财产权利变动

学有所记：

学有所悟：

学有所记：

的公示，债务人不履行到期债务，债权人请求参照民法典关于担保物权的有关规定就该财产优先受偿的，人民法院应予支持。”

②除流担保条款无效外，丙公司与乙公司的让与担保协议有效，丙公司拥有相应的处分权，已经完成财产权利变动的公示（已经为乙公司办理了B房屋所有权的过户登记），因此，乙公司对B房屋享有作为非典型担保的让与担保物权，因此，若甲公司未按约于9月1日前清偿600万元金钱债务，根据《民法典担保制度解释》第68条第一款的规定，乙公司有权对B房屋行使让与担保物权，协议B房屋折价归乙公司所有以优先抵偿甲公司对乙公司的600万元金钱债务，或者以拍卖、变卖B房屋所得价款优先清偿甲公司对乙公司的600万元金钱债务。

【参考答案】乙公司可对B房屋行使让与担保担保物权，优先清偿甲公司对乙公司的600万元金钱债务。理由在于：由于已经完成让与担保财产权利变动的公示（已经为乙公司办理了B房屋所有权的过户登记），乙公司对B房屋享有作为非典型担保的让与担保物权。因此，若甲公司未按约于9月1日前清偿600万元金钱债务，根据《民法典担保制度解释》第68条第一款的规定，乙公司有权对B房屋行使让与担保物权，协议B房屋折价归乙公司所有以优先抵偿甲公司对乙公司的600万元金钱债务，或者以拍卖、变卖B房屋所得价款优先清偿甲公司对乙公司的600万元金钱债务。

学有所悟：

6. 2021年5月10日，丁公司收到应收账款转让通知后，以该转让违反丙公司与丁公司不得转让的约定为由，不承认应收账款转让的效力，丁公司的主张是否符合法律规定？为什么？

【个人作答】

【考点】保理合同；债权转让

【解析】①《民法典》第545条第二款规定："当事人约定非金钱债权不得转让的，不得对抗善意第三人。当事人约定金钱债权不得转让的，不得对抗第三人。"《民法典》第769条规定："本章没有规定的，适用本编第六章债权转让的有关规定。"

②丙公司基于《钢材买卖合同》对丁公司享有的400万元价款债权属于金钱债权，虽约定不得转让，该约定不得对抗第三人（无论第三人受让时善意还是恶意），因此，丙公司违反约定转让给戊银行，戊银行不仅能够成功受让这400万元价金债权，并且丁公司无权以该不得转让的约定对抗受让人戊银行。应收账款转让通知到达丁公司之时，戊银行受让的应收账款债权对丁公司发生效力，应收账款到期后，戊银行有权请求丁公司履行。

【参考答案】丁公司的主张不符合法律的规定。理由在于：丙公司对丁公司的400万元价款债权，虽约定不得转让，根据《民法典》第545条第二款的规定，该约定不得对抗第三人（无论第三人受让时善意还是恶意），因此，丙公司违反约定转让给戊银行，戊银行不仅能够成功受让这400万元价金债权，并且丁公司无权以该不得转让的约定对抗受让人戊银行。应收账款转让通知到达丁公司之时，

学有所记：

学有所悟：

学有所记：

戊银行受让的应收账款债权对丁公司发生效力，应收账款到期后，戊银行有权请求丁公司履行。

7. 2021年9月2日，戊银行请求丁公司支付到期的400万元应收账款，丁公司以丙公司未按约向丁公司履行交付钢材的义务为由抗辩（丁公司的抗辩属实），拒绝支付。丁公司的抗辩理由是否成立？为什么？

【个人作答】

学有所悟：

【考点】顺序履行抗辩权；债权转让

【解析】①《民法典》第526条规定："当事人互负债务，有先后履行顺序，应当先履行债务一方未履行的，后履行一方有权拒绝其履行请求。先履行一方履行债务不符合约定的，后履行一方有权拒绝其相应的履行请求。"按照丙公司与丁公司《钢材买卖合同》的约定，双方履行对待给付义务有顺序上的先后，因此，若丙公司未按约履行向丁公司交付钢材的对待给付义务，丁公司享有顺序履行抗辩权，有权行使顺序履行抗辩权，拒绝履行支付400万元价款的义务。

②《民法典》第548条规定："债务人接到债权转让通知后，债务人对让与人的抗辩，可以向受让人主张。"《民法典》第769条规定："本章没有规定的，适用本编第六章债权转让的有关规定。"据此，丙公司将对丁公司的400万

元价款债权转让给戊银行后，戊银行请求丁公司履行到期的400万元价款支付义务时，丁公司有权对戊银行主张其对丙公司享有的顺序履行抗辩权。

【参考答案】丁公司的抗辩理由成立。理由在于：一方面，丙公司与丁公司的《钢材买卖合同》约定，双方履行对待给付义务有顺序上的先后，丙公司未按约先履行交付钢材的义务，根据《民法典》第526条的规定，按约应当后履行支付价款义务的丁公司享有顺序履行抗辩权，可行使顺序履行抗辩权，拒绝履行支付价款的义务。另一方面，根据《民法典》第548条的规定，丙公司将对丁公司享有的应收账款债权转让给戊银行后，债务人丁公司接到转让通知后，丁公司对丙公司享有的顺序履行抗辩权，可以向应收账款债权受让人戊银行主张。

8. 2021年9月2日，戊银行请求丁公司支付到期的400万元应收账款，丁公司以丙公司未按约向丁公司履行交付钢材的义务为由抗辩（丁公司的抗辩属实），拒绝支付时，戊银行是否有权选择请求丙公司以350万元的价格回购丙公司转让给戊银行的应收账款债权？为什么？

【个人作答】________________________________

________________________________________

________________________________________

________________________________________

________________________________________

________________________________________

________________________________________

________________________________________

【考点】保理合同

【解析】①《民法典》第766条规定："当事人约定有

学有所记：

学有所悟：

学有所记：

学有所悟：

追索权保理的，保理人可以向应收账款债权人主张返还保理融资款本息或者回购应收账款债权，也可以向应收账款债务人主张应收账款债权。保理人向应收账款债务人主张应收账款债权，在扣除保理融资款本息和相关费用后有剩余的，剩余部分应当返还给应收账款债权人。”这是关于“有追索权保理”的规定。

②《民法典》第767条规定：“当事人约定无追索权保理的，保理人应当向应收账款债务人主张应收账款债权，保理人取得超过保理融资款本息和相关费用的部分，无需向应收账款债权人返还。”这是关于“无追索权保理”的规定。

③丙公司与戊银行的保理合同明确约定为无追索权的保理。因此，保理商戊银行仅有权请求丁公司支付应收账款，无权请求丙公司回购应收账款债权。但是，有例外。根据通说观点，无追索权保理中，若债务人未足额支付应收账款是因为“债权人有明显欺诈行为”“不可抗力”“债务人对基础合同项下的商品服务提出有法律依据的异议”等原因，则保理商仍可行使追偿权。因此，若丁公司对戊银行行使顺序履行抗辩权拒绝支付到期的应收账款，戊银行有权选择请求丙公司回购。

【参考答案】有权。理由在于：丙公司与戊银行的《保理合同》属于无追索权的保理合同，原则上，应收账款债务人丁公司不对戊银行履行到期应收账款的，戊银行无追索权，戊银行只能请求丁公司支付，不得请求丙公司回购。但有例外。根据通说观点，无追索权保理合同场合，若债务人丁公司对基础合同提出具有法律依据的异议，则保理商戊银行可行使追索权。因此，若丁公司对戊银行行使其享有的顺序履行抗辩权，虽属无追索权的保理，戊银行仍可行使追索权，请求丙公司以350万元的价格回购丙公司转让给戊银行的应收账款债权。

学有所记：

## 题目五

**案情：**【1】2020 年 12 月 12 日，甲、乙、丙订立《三方协议》约定：“①2021 年度，甲水果店（工商登记为有限责任公司）根据业务需要可随时向乙农场购买西瓜，每次均单独订立买卖合同。②为担保乙对甲享有的西瓜价款债权，丙以其 A 车（Bentley Mulsanne）设立最高额质权担保，质押担保的西瓜价款债权的最高限额为 200 万元。”《三方协议》订立后，丙按约以现实交付的方式向乙交付了 A 车。

【2】2021 年 6 月 1 日，乙将其基于《三方协议》对甲享有的全部 120 万元西瓜价款债权均转让给丁。2021 年 8 月 1 日，丙的债权人申请法院扣押了 A 车，乙向法院提出异议，执行法院未予采纳，此时，乙基于《三方协议》对甲享有的西瓜价款债权总额为 300 万元。2021 年 9 月 1 日，乙又向甲出售了一批西瓜，价款 80 万元，约定一个月内支付。2021 年 11 月 1 日，法院拍卖 A 车得款 500 万元。

学有所悟：

【3】为融资，2021 年 2 月 1 日，甲水果店与戊教授订立《融资回购协议》约定：“①戊以 200 万元的价格受让甲水果店 20% 的股权；一年期满后，甲应于 1 个月内以 230 万元的价格回购。②若期满甲未按约回购，由戊终局确定取得该 20% 的股权，优先抵偿戊因融资对甲享有的债权。”《融资回购协议》订立后，戊当日向甲支付了 200 万元的融资款，甲当日为戊办理了股权的工商过户登记。直到 2022 年 3 月 2 日，甲未按约履行回购义务。

学有所记：

学有所悟：

【4】甲水果店对己老板本息共计150万元的借款债务于2021年7月1日到期，因甲手头暂缺资金，2021年7月1日，甲、己达成口头《以物抵债协议》约定："甲以其所有的C画抵偿甲对己的这150万元借款债务。2021年7月15日之前，甲向己交付C画并移转所有权。"双方未作其他约定。

【5】直到2021年7月16日，甲一直未按照甲、己的口头《以物抵债协议》向己履行交付C画并移转所有权的义务。2021年7月17日，己诉请甲偿还本息共计150万元的借款债务。甲则以己只能请求甲履行交付C画的义务予以抗辩。

问题：

1. 2021年6月1日，乙将其基于《三方协议》对甲享有的全部120万元西瓜价款债权均转让给丁以后，丁受让的120万元西瓜价款债权是否受A车质押担保？为什么？

【个人作答】

【考点】最高额质权

【解析】①《民法典》第439条第一款规定："出质人与质权人可以协议设立最高额质权。"《民法典》第439条第二款规定："最高额质权除适用本节有关规定外，参照适用本编第十七章第二节的有关规定。"据此，最高额质权，除法律有特别规定外，参照法律关于最高额抵押权的规定。

②《民法典》第421条规定："最高额抵押担保的债权确定前，部分债权转让的，最高额抵押权不得转让，但是当事人另有约定的除外。"据此，在乙对甲个别价款债权余额确定之前，乙对A车的最高额质权，不具有从属于个别价款债权的移转上的从属性，不伴随个别价款债权转让而转让。2021年6月1日，乙将其基于《三方协议》对甲享有的全部120万元西瓜价款债权均转让给丁时，乙对甲享有的个别西瓜价款债权的余额尚未确定（因为约定的债权确定期间尚未届满，还没到2021年12月31日），此时乙对A车的最高额质权不具有从属于个别价款债权的移转上的从属性，因此，转让给丁的120万元西瓜价款债权解除最高额质押担保，不受A车质押担保。

**【参考答案】** 2021年6月1日，丁受让的120万元西瓜价款债权不受A车质押担保。理由在于：2021年6月1日，乙将其基于《三方协议》对甲享有的全部120万元西瓜价款债权均转让给丁时，乙基于基础关系对甲享有的个别西瓜价款债权的余额尚未确定（约定的债权确定期间尚未届满，还没到2021年12月31日），根据《民法典》第439条与《民法典》第421条的规定，乙对A车的最高额质权不具有从属个别价款债权的移转上的从属性，并不伴随个别价款债权转让而转让，转让给丁的120万元西瓜价款债权解除最高额质押担保，不受A车质押担保。

2. 2021年6月1日，乙将其基于《三方协议》对甲享有的全部120万元西瓜价款债权均转让给丁以后，乙对A车的最高额质权是否消灭？为什么？

**【个人作答】** ____________________

____________________

学有所记：

学有所悟：

学有所记：

学有所悟：

【考点】最高额质权

【解析】①《民法典》第439条第一款规定："出质人与质权人可以协议设立最高额质权。"《民法典》第439条第二款规定："最高额质权除适用本节有关规定外，参照适用本编第十七章第二节的有关规定。"据此，最高额质权，除法律有特别规定外，参照法律关于最高额抵押权的规定。

②根据通说观点，《民法典》第423条规定的五种情形出现之前，即乙对甲个别价款债权余额确定之前，乙对A车的最高额质权，不具有从属于个别价款债权的消灭上的从属性，不因个别价款债权全部消灭而消灭。2021年6月1日，乙将其基于《三方协议》对甲享有的全部120万元西瓜价款债权均转让给丁之时，乙对甲的个别价款债权全部消灭，但是此时，乙对甲享有的个别西瓜价款债权的余额尚未确定，乙对A车的最高额质权不具有从属于个别价款债权的消灭上的从属性，乙对A车继续享有最高额质权。

【参考答案】2021年6月1日，乙将其对甲享有的全部120万元西瓜价款债权均转让给丁以后，乙对A车的最高额质权并不消灭。理由在于：2021年6月1日，乙将其基于《三方协议》对甲享有的全部120万元西瓜价款债权均转让给丁之时，乙对甲的个别价款债权全部消灭，但是此时，乙对甲享有的个别西瓜价款债权的余额尚未确定，乙对A车的最高额质权不具有从属于个别价款债权的消灭上的从属性，不因个别价款债权全部消灭而消灭，乙对A

车继续享有最高额质权。

3. 2021 年 8 月 1 日，法院扣押 A 车时，乙基于《三方协议》对甲享有的西瓜价款债权总额为 300 万元。这 300 万元价款债权，是否全部受 A 车质押担保？为什么？

【个人作答】________________________________

________________________________________

________________________________________

________________________________________

________________________________________

________________________________________

________________________________________

________________________________________

【考点】最高额质权

【解析】①《民法典》第 439 条第一款规定："出质人与质权人可以协议设立最高额质权。"《民法典》第 439 条第二款规定："最高额质权除适用本节有关规定外，参照适用本编第十七章第二节的有关规定。"据此，最高额质权，除法律有特别规定外，参照法律关于最高额抵押权的规定。

②《民法典》第 423 条规定："有下列情形之一的，抵押权人的债权确定：（一）约定的债权确定期间届满；（二）没有约定债权确定期间或者约定不明确，抵押权人或者抵押人自最高额抵押权设立之日起满二年后请求确定债权；（三）新的债权不可能发生；（四）抵押权人知道或者应当知道抵押财产被查封、扣押；（五）债务人、抵押人被宣告破产或者解散；（六）法律规定债权确定的其他情形。"2021 年 8 月 1 日，虽然约定的债权确定期间尚未届满（还没有到 2021 年 12 月 31 日），但质权人乙于 2021 年 8 月 1 日知道最高额质押财产（A 车）被人民法院扣押，根

学有所记：

学有所悟：

学有所记：

学有所悟：

据《民法典》第423条的规定，2021年8月1日，最高额质权担保的乙对甲个别价款债权余额确定，确定的价款债权余额为300万元。

③《民法典》第420条第一款规定："为担保债务的履行，债务人或者第三人对一定期间内将要连续发生的债权提供担保财产的，债务人不履行到期债务或者发生当事人约定的实现抵押权的情形，抵押权人有权在最高债权额限度内就该担保财产优先受偿。"如前所述，2021年8月1日，最高额质权担保的乙对甲个别价款债权余额确定，确定的价款债权余额为300万元。但是，根据《三方协议》的约定，以A车为标的物的最高额质权担保最高限额为200万元，因此，确定余额为300万元的乙对甲的西瓜价款质权，仅200万元受A车质押担保。

【参考答案】2021年8月1日，法院扣押A车时，乙基于《三方协议》对甲享有的西瓜价款债权总额为300万元价款债权，仅200万元受A车质押担保，另外的100万元不受A车质押担保。理由在于：2021年8月1日，虽然约定的债权确定期间尚未届满（还没有到2021年12月31日），但质权人乙于2021年8月1日知道最高额质押财产（A车）被人民法院扣押，根据《民法典》第423条的规定，乙对甲个别价款债权的余额于2021年8月1日确定，确定的价款债权余额为300万元。同时，因约定乙对A车最高额质权担保的最高债权额为200万元，因此，确定余额为300万元的乙对甲的西瓜价款质权，仅200万元受A车质押担保。

4. 乙因于2021年9月1日向甲出售一批西瓜而对甲享有的80万元西瓜价款债权，是否受A车质押担保？为什么？

【个人作答】________________________________

________________________________________

________________________________________

________________________________________

________________________________________

________________________________________

________________________________________

________________________________________

【考点】最高额质权

【解析】①《民法典》第423条规定："有下列情形之一的，抵押权人的债权确定：（一）约定的债权确定期间届满；（二）没有约定债权确定期间或者约定不明确，抵押权人或者抵押人自最高额抵押权设立之日起满二年后请求确定债权；（三）新的债权不可能发生；（四）抵押权人知道或者应当知道抵押财产被查封、扣押；（五）债务人、抵押人被宣告破产或者解散；（六）法律规定债权确定的其他情形。"2021年8月1日，虽然约定的债权确定期间尚未届满（还没有到2021年12月31日），但质权人乙于2021年8月1日知道最高额质押财产A车被人民法院扣押，根据《民法典》第423条的规定，乙对甲个别价款债权余额提前于2021年8月1日确定，确定的价款债权余额为300万元。

②乙对A车的最高额质权，在乙对甲的价款债权余额确定以后，仅余额确定的价款债权（在约定的最高限额内）受最高额质权担保。乙对甲的价款债权余额确定以后，乙因于2021年9月1日向甲出售一批西瓜而对甲享有的80万元西瓜价款债权，不受以A车为标的物的最高额质权担保。

【参考答案】乙因于2021年9月1日向甲出售一批西瓜而对甲享有的80万元西瓜价款债权，不受A车质押担

学有所记：

学有所悟：

学有所记：

保。2021 年 8 月 1 日，虽然约定的债权确定期间尚未届满（还没有到 2021 年 12 月 31 日），但质权人乙于 2021 年 8 月 1 日知道最高额质押财产 A 车被人民法院扣押，根据《民法典》第 423 条的规定，乙对甲个别价款债权余额提前于 2021 年 8 月 1 日确定。并且，仅余额确定的价款债权（在约定的最高限额内）受最高额质权担保。乙对甲的价款债权余额确定以后，乙因于 2021 年 9 月 1 日向甲出售一批西瓜而对甲享有的 80 万元西瓜价款债权，不受以 A 车为标的物的最高额质权担保。

5. 2022 年 3 月 2 日后，戊是否有权主张因甲未按约履行回购义务，戊已经按照约定终局确定取得甲水果店 20% 的股权？为什么？

【个人作答】

学有所悟：

【考点】让与担保

【解析】①《民法典担保制度解释》第 68 条第三款规定："债务人与债权人约定将财产转移至债权人名下，在一定期间后再由债务人或者其指定的第三人以交易本金加上溢价款回购，债务人到期不履行回购义务，财产归债权人所有的，人民法院应当参照第二款规定处理。回购对象自始不存在的，人民法院应当依照民法典第一百四十六条第二款的规定，按照其实际构成的法律关系处理。"据此，甲水果店与戊于2021年2月1日订立《融资回购协议》，虽名为“融资回购协议”，但协议实际内容为，戊向甲提供为期1年的200万元借款（利息30万元），甲将20%的股权在形式上转于戊名下，以担保戊对甲借款债务的履行。因此，应当按照借款合同与让与担保处理。

②《民法典担保制度解释》第68条第二款规定：“债务人或者第三人与债权人约定将财产形式上转移至债权人名下，债务人不履行到期债务，财产归债权人所有的，人民法院应当认定该约定无效，但是不影响当事人有关提供担保的意思表示的效力。当事人已经完成财产权利变动的公示，债务人不履行到期债务，债权人请求对该财产享有所有权的，人民法院不予支持；债权人请求参照民法典关于担保物权的规定对财产折价或者以拍卖、变卖该财产所得的价款优先受偿的，人民法院应予支持；债务人履行债务后请求返还财产，或者请求对财产折价或者以拍卖、变卖所得的价款清偿债务的，人民法院应予支持。”由于甲已经完成财产权利变动的公示方式（已经为戊办理了股权的工商过户登记），因此成立让与担保，戊对担保财产（甲水果店20%的股权）享有作为非典型担保物权的让与担保物权，但与此同时，甲、戊间的《融资回购协议》约定“若期满甲未按约回购，由戊终局确定取得该20%的股权，优先抵偿戊因融资对甲享有的债权”，这一约定属于流担保条款，无效（也可以表述为“不发生物权效力”）。因此，即使甲未按约回购，戊也不能按照约定终局取得这20%的股权。

**【参考答案】** 戊不得主张已经按照约定终局确定取得甲水果店20%的股权。理由在于：一方面，甲、戊的《融资回购协议》，虽名为“融资回购协议”，但实际内容为，戊向甲提供为期1年的200万元借款（利息30万元），甲将

学有所记：

学有所悟：

学有所记：

20%的股权在形式上转于戊名下，以担保戊对甲借款债务的履行，根据《民法典担保制度解释》第68条第三款的规定，应当按照借款合同与让与担保处理。另一方面，甲、戊间的《融资回购协议》约定“若期满甲未按约回购，由戊终局确定取得该20%的股权，优先抵偿戊因融资对甲享有的债权”，这一约定属于流担保条款，根据《民法典担保制度解释》第68条第二款的规定，该流担保条款无效（也可以表述为“不发生物权效力”）；因此，即使甲未按约回购，戊也不能按照约定终局取得这20%的股权。

6. 甲、己于2021年7月1日达成口头《以物抵债协议》时，甲对己负担的本息总计150万元的借款债务是否已经消灭？为什么？

【个人作答】

学有所悟：

【考点】以物抵债

【解析】①甲、己达成的《以物抵债协议》，性质如何，法律效果如何，须根据案件事实，并解释双方的意思表示，确定其性质，并产生相应的法律效果。主要类型有二：第一，债务更新；第二，新债清偿。

②若甲、己的《以物抵债协议》明确约定：“以物抵债协议成立并生效时，甲对己本息总计150万元的借款债务消灭，仅成立甲向己交付C画并移转所有权的债务。”则

甲、己间的《以物抵债协议》属于“债务更新”，《以物抵债协议》成立并生效时，原债（150 万元借款债务）消灭，仅成立新债（交付 C 画并移转所有权）。

③若甲、己的《以物抵债协议》并未明确约定：“以物抵债协议成立并生效时，甲对己本息总计 150 万元的借款债务消灭。”出于保护债权人的考虑，则应当认定甲、己间的《以物抵债协议》属于“新债清偿”，《以物抵债协议》成立并生效时，原债（150 万元借款债务）与新债（交付 C 画并移转所有权）同时并存。

④本题中，甲、己的《以物抵债协议》应当认定为“新债清偿”，《以物抵债协议》成立并生效时，原债（150 万元借款债务）与新债（交付 C 画并移转所有权）同时并存。甲清偿新债（交付 C 画并移转所有权）时，原债与新债一并消灭。

【参考答案】甲、己达成口头《以物抵债协议》时，甲对己负担的本息总计 150 万元的借款债务并未消灭。理由在于：甲、己达成的《以物抵债协议》并未明确约定“甲对己的 150 万元借款债务于《以物抵债协议》生效时消灭”，应当认定甲、己间的《以物抵债协议》构成新债清偿，《以物抵债协议》生效时，原债（150 万元借款债务）与新债（交付 C 画并移转所有权）同时并存。甲清偿新债（交付 C 画并移转所有权）时，原债与新债一并消灭。

7. 因甲一直未按照《以物抵债协议》向己履行交付 C 画并移转所有权的义务，己于 2021 年 7 月 17 日选择诉请甲偿还 150 万元的借款债务，甲以己只能请求甲履行交付 C 画的义务予以抗辩。甲的这一抗辩理由是否成立？为什么？

【个人作答】________________________________________

______________________________________________________

学有所记：

学有所悟：

学有所记：

学有所悟：

【考点】以物抵债

【解析】①如前所述，甲、己《以物抵债协议》构成新债清偿，《以物抵债协议》成立并生效时，原债（150万元借款债务）与新债（交付C画并移转所有权）同时并存。

②新债清偿，原则上，债权人己应当请求债务人甲履行新债（交付C画并移转所有权），甲清偿新债的，新债（交付C画并移转所有权）与旧债（150万元借款债务）一并消灭。

③根据通说观点，虽属新债清偿，若甲、己《以物抵债协议》生效后，债务人甲一直不按约定履行新债（交付C画并移转所有权），导致己订立《以物抵债协议》的目的不能实现，债权人己有权选择请求债务人甲履行旧债（150万元借款债务），甲清偿旧债的，新债（交付C画并移转所有权）与旧债（150万元借款债务）一并消灭。

【参考答案】甲的这一抗辩理由不成立。因为，甲、己间的《以物抵债协议》构成新债清偿，原则上，债权人己应当请求债务人甲履行新债（交付C画并移转所有权），甲清偿新债的，新债（交付C画并移转所有权）与旧债（150万元借款债务）一并消灭。但是，根据通说，若甲、己间的《以物抵债协议》生效后，债务人甲一直不按约定履行新债（交付C画并移转所有权），导致己订立《以物抵债协议》的目的不能实现，债权人己有权选择请求债务人甲履行旧债（150 万元借款债务），甲清偿旧债的，新债（交付 C 画并移转所有权）与旧债（150 万元借款债务）一并消灭。

## 题目六

案情：【1】3 月 1 日，甲公司在其经营的网店发布新广告载明：“本店自 3 月 1 日起出售 myPhone 12 pro 手机，256G 内存每部 12000 元。保证供货，本广告长期有效。所售手机均由生产商丙公司直接供货。”考虑到可能会出现货源紧张，甲还同时发布了引人注目的“特别声明”：“在本店下单购买 myPhone 12 pro 手机的，买卖合同成立的时间为本店将出售的手机交付快递物流公司运交买受人之时，而非买受人提交订单成功之时。”甲通过技术措施安排，不点击同意“特别声明”则不能下单购买。

【2】3 月 5 日晚，刚举办完自己三十岁生日酒宴的赵某（酒宴上高朋满座，觥斛交错，赵某痛饮数杯，兴意盎然，飘飘欲仙）乘着醉意通过手机前后分别两次下单在甲的网店购买了两部 myPhone 12 pro 256G 内存的手机（下单前，赵某点击同意了甲网店上的“特别声明”）。下单的同时，赵某支付宝账户上同时被扣款 24000 元。

【3】3 月 15 日，见甲仍未发货，赵某电话询问，甲告知：“货源紧缺，稍安勿躁，耐心等待。”赵某怒怼道：“老子就是喝醉酒还想着在你们店下单购买手机，如同老鼠爱大米，你们给老子快点发货！我等得花儿都快谢了！”甲回怼道：“醉酒时下单，你当时属于无或限制民事行为能力人，即使手机买卖合同成立，亦属无效或者效力未定。果

学有所记：

学有所悟：

学有所记：

如此，你没有权利催促发货。”

【4】3月25日，赵某通过“阿里旺旺”催告，甲称5天内发货。甲同时提出：“手机运交给赵某后，赵某须于收货的当日就手机存在的瑕疵检验并提出异议，赵某确认收货且未提出异议的，视为出售的手机不存在瑕疵。”对此，赵某表示同意。双方同意以此次在“阿里旺旺”中的留言为据。

【5】3月30日，甲将分别包装的两部myPhone 12 pro 256G手机交给乙公司（全称“乙路顺风快递公司”，系甲签约长期合作的快递公司）运交赵某。3月31日，运输途中一部手机被盗（一直没有破案）。4月1日，乙公司将另一部手机送至赵某家中，赵某对该部手机当面查验无误后，确认签收（未对甲公司提出任何异议）。当日，赵某通知甲，另一部手机运输途中被盗，自己未收到货物，要求甲重新发货，若甲不同意重新发货须退还全部货款，甲以手机被盗的风险应由赵某承担为由拒绝重新发货。

学有所悟：

【6】6月1日，因一项新的电路布图技术问世，myPhone 12 pro手机的制造商丙公司发现，丙公司制造的myPhone 12 pro手机存有当初意想不到的设计缺陷，因该设计缺陷，一小部分myPhone 12 pro手机充电时存在电池爆炸伤人的危险。但出于竞争方面的考虑，丙公司决定暂不作公开披露该事实，是否采取召回措施等再作决定。甲公司知情后，亦未采取任何措施。

【7】7月1日，赵某边充电边使用自甲网店购买于4月1日收货的myPhone 12 pro手机时，该手机电池爆炸，致赵某左手重伤，右手及面部轻微伤。查明原因后，赵某

立即于7月5日以甲公司为被告提起诉讼，提出三项诉讼请求。诉讼请求（一）：请求以甲公司交付商品质量严重不合格构成根本违约为由判令解除赵某与甲公司的手机买卖合同，返还价款及相应的利息；诉讼请求（二）：请求判令甲公司就手机电池爆炸给赵某造成的人身损害承担违约损害赔偿责任，包括财产损害赔偿与精神损害赔偿；诉讼请求（三）：请求判令甲公司对赵某承担惩罚性损害赔偿责任。

学有所记：

问题：

1. 3月5日，赵某在甲网店下单购买两部 myPhone 12 pro 手机，赵某“支付宝”账户上同时被扣款 24000 元之时，赵某与“支付宝”之间成立何种内容的民事法律关系？甲公司与“支付宝”之间成立何种内容的民事法律关系？

【个人作答】

学有所悟：

【考点】电子商务；第三方支付平台

【解析】①电子商务交易价金托管支付，是指在网络交易平台进行交易活动，消费者委托网络交易平台（或者第三方支付平台）对价金按照约定方式进行托管（托收），并在条件成就时将价金支付给销售者、服务提供者所形成的民事权利义务关系。

②《民法典》第888条第一款规定：“保管合同是保管人保管寄存人交付的保管物，并返还该物的合同。”赵某与

学有所记：

学有所悟：

"支付宝"之间成立电子商务交易价金托管支付关系，在法律关系的定性以及法律适用上，可以类推适用法律关于保管合同的规定，即认定赵某与"支付宝"之间成立了一个"向第三人履行的保管合同"，其中保管人为"支付宝"，寄存人为赵某，利益第三人为甲公司。

③《民法典》第919条规定："委托合同是委托人和受托人约定，由受托人处理委托人事务的合同。"甲公司与"支付宝"之间成立电子商务交易价金托管支付关系，在法律关系的定性以及法律适用上，可以类推适用法律关于委托合同的规定，即认定甲公司与"支付宝"之间成立了一个委托合同，其中委托人为甲公司，受托人为"支付宝"。该委托合同系有偿合同，因为，在买受人赵某确认收货（或者视为已经确认收货），"支付宝"将代为收取的24000元价金转入甲公司账户之时，"支付宝"有权按照约定收取一定比例的报酬。

【参考答案】①赵某与"支付宝"之间成立电子商务交易价金托管支付关系。其核心内容是，赵某委托"支付宝"保管24000元价金，在买受人赵某确认收货（或者视为已经确认收货）时，"支付宝"将保管的24000元价金支付给出卖人甲公司，相反，在交易失败或者因其他原因导致买受人赵某退货的，"支付宝"将保管的24000元价金返还给买受人赵某。②甲公司与"支付宝"之间成立电子商务交易价金托管支付关系。其核心内容是，甲公司委托"支付宝"代为收取24000元价金，在买受人赵某确认收货（或者视为已经确认收货）时，"支付宝"将代为收取的24000元价金转入甲公司账户，"支付宝"有权按照约定向甲公司收取一定比例的报酬。

2. 3月15日，甲公司认为，赵某于醉酒状态下下单购买手机时，赵某属无、限制民事行为能力人，即使买卖合同成立，亦属无效或者效力待定。对此观点，依照现行法应作何评价？理由为何？

【个人作答】________________

________________

________________

________________

________________

________________

________________

________________

【考点】电子商务；民事行为能力

【解析】①《民法典》第 21 条第一款规定："不能辨认自己行为的成年人为无民事行为能力人，由其法定代理人代理实施民事法律行为。"《民法典》第 22 条规定："不能完全辨认自己行为的成年人为限制民事行为能力人，实施民事法律行为由其法定代理人代理或者经其法定代理人同意、追认；但是，可以独立实施纯获利益的民事法律行为或者与其智力、精神健康状况相适应的民事法律行为。"所谓"不能辨认自己行为"或者"不能完全辨认自己行为"，指因物理伤害、疾病等原因造成的自由意思形成"被持久地被排除"的状态（如因"病理性醉酒"致使持续性处于不能辨认或者不能完全辨认自己行为的状态），并不包括醉酒、吸毒等暂时性的智识上的耗弱状态。因此，一次性的醉酒不影响赵某的民事行为能力。

②《德国民法典》第 105 条第二款规定："在丧失知觉或者暂时的精神错乱的状态下做出的意思表示亦无效。"其规范内容是，此种暂时性的智识耗弱状态，虽然不影响民事行为能力，但是，于"丧失知觉"或者"暂时性精神错

学有所记：

学有所悟：

学有所记：

学有所悟：

乱”的状态下做出的表达、举动、动作，不能被认定为具有“行为意思”与“效果意思”，从而不成立意思表示（法条的措辞为“无效”）。我国现行法没有相同或类似的规定，存有制定法上的漏洞，但通过法律漏洞填补应作同样处理。根据案情，赵某订立买卖合同时虽处于醉酒状态，但尚未达到“丧失知觉”或者“暂时性精神错乱”的程度，其于醉酒时订立的手机买卖合同不能因为醉酒认定为无效或者效力待定。

③《电子商务法》第48条第二款规定：“在电子商务中推定当事人具有相应的民事行为能力。但是，有相反证据足以推翻的除外。”据此，在电子商务交易中，赵某被推定为享有与订立手机买卖合同相应的民事行为能力。

【参考答案】①甲公司主张处于醉酒状态的赵某属无、限制民事行为能力人，所订立手机买卖合同无效或者效力未定，依照现行法的规定，这一观点不成立。②理由有三：第一，依照《电子商务法》第48条的规定，在电子商务中，推定当事人具有相应的民事行为能力；第二，只有因为物理伤害、疾病等原因使成年人处于持续性不能辨认或者不能完全辨认自己行为的状态（如“病理性醉酒”），则该成年人因此属于无、限制民事行为能力人；若醉酒仅造成成年人一时性（暂时性）智识耗弱状态（生理性醉酒），醉酒的状态不影响该成年人的民事行为能力；第三，若生理性醉酒使成年人暂时丧失知觉或者暂时精神错乱，该成年人于此种状态下所实施的民事法律行为无效，但赵某于购买手机时并未处于此种状态。

3. 2017年3月5日、2017年3月25日和2017年3月30日这三个时间点，何者为赵某与甲公司两部myPhone 12 pro手机买卖合同成立的时间？为什么？

【个人作答】

学有所记：

【考点】电子合同的成立时间

【解析】①《民法典》第473条第一款规定："要约邀请是希望他人向自己发出要约的表示。拍卖公告、招标公告、招股说明书、债券募集办法、基金招募说明书、商业广告和宣传、寄送的价目表等为要约邀请。"《民法典》第473条第二款规定："商业广告和宣传的内容符合要约条件的，构成要约。"《民法典》第472条规定："要约是希望与他人订立合同的意思表示，该意思表示应当符合下列条件：（一）内容具体确定；（二）表明经受要约人承诺，要约人即受该意思表示约束。"《合同法解释（二）》第1条第一款规定："当事人对合同是否成立存在争议，人民法院能够确定当事人的名称或者姓名、标的和数量的，一般应当认定合同成立。但法律另有规定或者当事人另有约定的除外。"据此，除非法律另有规定或者当事人另有约定，合同的主要条款仅限于当事人、标的和数量。从而，旨在为订立买卖合同所发布的广告，除非法律另有规定或者当事人另有约定，只要包含标的与数量，且具有受拘束的意思，即应当认定为订立买卖合同之要约。本题中，甲公司于其网店发布的出售myPhone 12 pro手机的广告符合订立买卖合同之要约的全部构成要件，自甲公司公告形式作出之时生效，赵某取得承诺的资格。

学有所悟：

学有所记：

学有所悟：

②《民法典》第491条第二款规定："当事人一方通过互联网等信息网络发布的商品或者服务信息符合要约条件的，对方选择该商品或者服务并提交订单成功时合同成立，但是当事人另有约定的除外。"《电子商务法》第49条第一款规定："电子商务经营者发布的商品或者服务信息符合要约条件的，用户选择该商品或者服务并提交订单成功，合同成立。当事人另有约定的，从其约定。"据此，赵某选择所购商品（手机），提交订单成功时，承诺生效，赵某与甲公司的手机买卖合同成立并生效。

③《电子商务法》第49条第二款规定："电子商务经营者不得以格式条款等方式约定消费者支付价款后合同不成立；格式条款等含有该内容的，其内容无效。"根据意思自治原则，赵某与甲公司可以约定双方手机买卖合同成立的时间，但是，根据《电子商务法》第49条第二款的规定，赵某与甲公司只能通过"个别协商条款"约定消费者提交订单成功以外的其他时间为手机买卖合同成立的时间，而不能通过"格式条款"约定消费者提交订单成功以外的其他时间为手机买卖合同成立的时间。本题中，赵某与甲公司通过格式条款约定赵某提交订单成功以外的其他时间（甲公司将出售的手机交付快递物流公司运交买受人之时）为手机买卖合同成立的时间，根据《电子商务法》第49条第二款的规定，该约定无效。

**【参考答案】**赵某与甲公司两部myPhone 12 pro手机买卖合同成立的时间为3月5日。理由在于：甲公司于其网店发布的出售手机的广告符合订立买卖合同要约的构成要件，甲公司以公告形式作出之时生效，根据《民法典》第491条第二款的规定，消费者赵某提交订单成功时，承诺生效，手机买卖合同成立并生效。甲公司与赵某通过格式条款而非个别协商条款约定消费者（赵某）提交订单成功以外的其他时间（即甲公司将出售手机交付快递物流公司运交买受人赵某之时）为手机买卖合同成立的时间，根据《电子商务法》第49条第二款的规定，该约定无效。

4. 就甲公司与赵某的两部 myPhone 12 pro 手机买卖合同而言，甲公司向赵某交付所出售两部手机的交付地点与完成交付的时间，因双方未作明确约定，应如何确定？

【个人作答】______

______

______

______

______

______

______

【考点】电子合同；合同漏洞填补规则

【解析】①合同当事人应当约定而没有约定或者约定不明确的违反计划的不圆满性，为合同漏洞。合同漏洞的填补规则，是一个依次递进的三层次填补规则（上一步规则不能填补合同漏洞的，依照下一步的规则予以填补）：第一步，适用《民法典》第510条；第二步，有名合同适用法律关于有名合同的规定，无名合同类推适用法律关于最相类似合同的规定；第三步，适用《民法典》第511条与第513条。

②甲公司与赵某的两部 myPhone 12 pro 手机买卖合同，关于所出售手机的交付地点与已经完成交付的时间，双方未作约定，应当依照合同漏洞填补规则补充确定。第一步，适用《民法典》第510条的规定。《民法典》第510条规定："合同生效后，当事人就质量、价款或者报酬、履行地

学有所记：

学有所悟：

学有所记：

学有所悟：

点等内容没有约定或者约定不明确的，可以协议补充；不能达成补充协议的，按照合同相关条款或者交易习惯确定。”根据题目交代的信息，不能通过适用《民法典》第510条的规定填补该合同漏洞。

③动产买卖合同，关于出卖人交付地点与完成交付时间的合同漏洞，不能依照《民法典》第510条的规定补充确定时，应当继续依照第二步的合同漏洞填补规则补充确定，即依照法律关于买卖合同的规定补充确定。须注意，对此，现行法规定了两个类型的合同漏洞填补规则：第一个类型，一般规则，即未通过电子合同订立动产买卖合同，适用《民法典》第603条第二款的规定。《民法典》第603条第二款规定：“当事人没有约定交付地点或者约定不明确，依据本法第五百一十条的规定仍不能确定的，适用下列规定：（一）标的物需要运输的，出卖人应当将标的物交付给第一承运人以运交给买受人；（二）标的物不需要运输，出卖人和买受人订立合同时知道标的物在某一地点的，出卖人应当在该地点交付标的物；不知道标的物在某一地点的，应当在出卖人订立合同时的营业地交付标的物。”第二个类型，特殊规则，即通过电子合同订立且采用快递物流方式交付的动产买卖合同，适用《民法典》第512条与《电子商务法》第51条第一款。《民法典》第512条第一款规定：“通过互联网等信息网络订立的电子合同的标的为交付商品并采用快递物流方式交付的，收货人的签收时间为交付时间。”《民法典》第512条第三款规定：“电子合同当事人对交付商品或者提供服务的方式、时间另有约定的，按照其约定。”《电子商务法》第51条第一款规定：“合同标的为交付商品并采用快递物流方式交付的，收货人签收时间为交付时间。”《电子商务法》第51条第三款规定：“合同当事人对交付方式、交付时间另有约定的，从其约

定。”本题中，甲公司与赵某通过电子商务订立动产买卖合同且采用快递物流方式交付，应当适用《民法典》第512条第一款与《电子商务法》第51条第一款的规定，因此，甲公司向赵某交付出售手机的交付地点为送货上门，甲公司向赵某完成交付手机的时间为赵某确认签收时。

【参考答案】就甲公司与赵某的两部手机买卖合同而言，甲公司向赵某交付所出售两部手机的交付地点与完成交付的时间，双方未作明确约定，存有合同漏洞，须依照合同漏洞填补规则补充确定。由于不能依照《民法典》第510条的规定补充确定，且甲公司与赵某通过电子商务订立动产买卖合同且采用快递物流方式交付，应当适用《民法典》第512条第一款与《电子商务法》第51条第一款的规定补充确定为，甲公司向赵某交付手机的交付地点为送货上门，完成交付的时间为赵某确认签收之时。

5. 3月31日乙公司运输途中被盗的那一部手机，赵某是否有权请求甲公司重新发货？若甲公司拒绝重新发货赵某是否有权请求甲公司退还全部货款？为什么？

【个人作答】

【考点】电子合同；买卖合同的风险负担

【解析】①《民法典》第604条规定：“标的物毁损、灭失的风险，在标的物交付之前由出卖人承担，交付之后

学有所记：

学有所悟：

学有所记：

学有所悟：

由买受人承担，但是法律另有规定或者当事人另有约定的除外。”据此，甲公司与赵某的手机买卖合同，在甲公司向赵某交付出售的手机之前，价金风险由甲公司承担；甲公司向赵某交付出售的手机之后，价金风险由赵某承担。

②《民法典》第512条第一款规定：“通过互联网等信息网络订立的电子合同的标的为交付商品并采用快递物流方式交付的，收货人的签收时间为交付时间。电子合同的标的为提供服务的，生成的电子凭证或者实物凭证中载明的时间为提供服务时间；前述凭证没有载明时间或者载明时间与实际提供服务时间不一致的，以实际提供服务的时间为准。”《电子商务法》第51条第一款规定：“合同标的为交付商品并采用快递物流方式交付的，收货人签收时间为交付时间。合同标的为提供服务的，生成的电子凭证或者实物凭证中载明的时间为交付时间；前述凭证没有载明时间或者载明时间与实际提供服务时间不一致的，实际提供服务的时间为交付时间。”《电子商务法》第20条规定：“电子商务经营者应当按照承诺或者与消费者约定的方式、时限向消费者交付商品或者服务，并承担商品运输中的风险和责任。但是，消费者另行选择快递物流服务提供者的除外。”如前所述，甲公司与赵某未约定交付地点，但双方通过电子商务订立动产买卖合同且采用快递物流方式交付，根据合同漏洞填补规则，甲公司向赵某交付手机的交付地点为送货上门，完成交付的时间为赵某确认签收之时。甲公司将出售的手机交付给快递物流公司乙公司运输过程中，手机被盗（一直未破案），应当由甲公司承担价金风险。甲公司应当重新发货；甲公司拒绝重新发货的，赵某有权请求甲公司返还全部价款。

【参考答案】赵某有权请求甲公司重新发货，若甲公司拒绝重新发货赵某有权请求甲公司退还全部货款。理由在于：甲公司与赵某的手机买卖合同，根据《民法典》第604条的规定，在甲公司完成手机交付之前，价金风险由甲公司承担，在甲公司完成手机交付之后，价金风险由赵某承担。甲公司与赵某未约定交付地点，但双方通过电子商务订立动产买卖合同且采用快递物流方式交付，根据合同漏洞填补规则，甲公司向赵某交付手机的交付地点为送货上门，完成交付的时间为赵某确认签收之时。甲公司将出售的手机交付给快递物流公司乙公司运输过程中，手机被盗（一直未破案），应当由甲公司承担价金风险。

6. 针对赵某7月5日起诉的诉讼请求（一）（“请求以甲公司交付商品质量严重不合格为由判令解除赵某与甲公司的手机买卖合同，甲公司向赵某返还价款及相应的利息”），若甲公司以双方于3月25日通过“淘宝旺旺”达成的协议（“手机运交给赵某后，赵某须于收货的当日就手机存在的瑕疵检验并提出异议，赵某确认收货且未提出异议的，视为出售的手机不存在瑕疵。”）为由提出抗辩，甲公司的这一抗辩理由是否成立？为什么？

【个人作答】

【考点】买卖合同瑕疵异议期间；法定解除

【解析】①《民法典》第621条第一款规定：“当事人约定检验期限的，买受人应当在检验期限内将标的物的数

学有所记：

学有所悟：

学有所记：

学有所悟：

量或者质量不符合约定的情形通知出卖人。买受人怠于通知的，视为标的物的数量或者质量符合约定。”《民法典》第622条第一款规定：“当事人约定的检验期限过短，根据标的物的性质和交易习惯，买受人在检验期限内难以完成全面检验的，该期限仅视为买受人对标的物的外观瑕疵提出异议的期限。”甲公司与赵某的手机买卖合同，约定了瑕疵的异议期间，即双方通过“淘宝旺旺”约定赵某须于收货时检验瑕疵并提出异议，约定的瑕疵异议期间过短，根据《民法典》第622条第一款的规定，该约定仅适用于手机的外观瑕疵，不适用手机的隐蔽质量瑕疵。对该手机于交付时存在的隐蔽质量瑕疵，适用《民法典》第621条第二款规定的双重法定异议期间。

②《民法典》第621条第二款规定：“当事人没有约定检验期限的，买受人应当在发现或者应当发现标的物的数量或者质量不符合约定的合理期限内通知出卖人。买受人在合理期限内未通知或者自收到标的物之日起二年内未通知出卖人的，视为标的物的数量或者质量符合约定；但是，对标的物有质量保证期的，适用质量保证期，不适用该二年的规定。”充电时，手机电池因设计缺陷具有发生爆炸的危险，属于隐蔽的质量瑕疵。买受人赵某于发现后的合理期限内对出卖人甲公司提出异议，并且赵某于标的物交付之日起的二年内对出卖人甲公司提出异议，对该隐蔽质量瑕疵，买受人赵某遵循了法定的双重异议期间，赵某有权请求甲公司承担相应的违约责任。

③《民法典》第563条第一款规定：“有下列情形之一的，当事人可以解除合同：（一）因不可抗力致使不能实现合同目的；（二）在履行期限届满前，当事人一方明确表示或者以自己的行为表明不履行主要债务；（三）当事人一方迟延履行主要债务，经催告后在合理期限内仍未履行；

（四）当事人一方迟延履行债务或者有其他违约行为致使不能实现合同目的；（五）法律规定的其他情形。”4月1日，甲公司运交赵某的这一部手机，具有充电时发生爆炸的瑕疵，质量严重不合格，因此导致赵某订立该买卖合同的目的不能实现，构成根本违约，根据《民法典》第563条第一款第（四）项的规定，赵某享有法定解除权，有权通知甲公司解除该部手机买卖合同。

④《民法典》第566条第一款规定：“合同解除后，尚未履行的，终止履行；已经履行的，根据履行情况和合同性质，当事人可以请求恢复原状或者采取其他补救措施，并有权请求赔偿损失。”买卖合同属于非继续性合同，赵某行使法定解除权，通知甲公司解除该部手机买卖合同的，该买卖合同溯及自成立之日起终止，赵某有权请求甲公司返还价款及相应的利息。

**【参考答案】**甲公司提出的这一抗辩理由不成立。因为，虽然甲公司与赵某约定了对买卖手机瑕疵的异议期间，约定赵某须于收货时就全部瑕疵检验并提出异议，但双方约定的异议期间过短，根据标的物的性质和交易习惯，赵某在约定的异议期间内难以完成全面检验，根据《民法典》第622条第一款的规定，该约定仅适用于手机的外观瑕疵，对手机的隐蔽质量瑕疵，适用《民法典》第621条第二款规定的双重法定异议期间，对充电时电池爆炸这一隐蔽质量瑕疵，赵某于发现后的合理期间内对甲公司提出异议并且于手机交付之日起二年内提出异议，赵某有权请求甲公司承担相应的违约责任。同时，因甲公司交付的该部手机质量严重不合格，导致赵某订立合同目的不能实现，构成根本违约，根据《民法典》第563条第一款的规定，赵某享有法定解除权，赵某可通知甲公司解除手机买卖合同，并请求甲公司返还价款及相应的利息。

学有所记：

学有所悟：

学有所记：

学有所悟：

7. 针对赵某7月5日起诉的诉讼请求（二）（"请求判令甲公司就手机电池爆炸给赵某造成的人身损害承担违约损害赔偿责任，包括财产损害赔偿与精神损害赔偿"），若甲公司以赵某不得于提起的违约之诉中主张精神损害赔偿为由抗辩，甲公司的这一抗辩理由是否成立？为什么？

【个人作答】

【考点】加害给付；精神损害赔偿

【解析】①《民法典》第186条规定："因当事人一方的违约行为，损害对方人身权益、财产权益的，受损害方有权选择请求其承担违约责任或者侵权责任。"甲公司与赵某成立手机买卖合同，一方面，甲公司交付给赵某的手机不符合约定的质量（充电时电池爆炸），给赵某造成履行利益损害，成立违约；另一方面，因手机缺陷，造成赵某人身等固有利益的损害，成立产品侵权。甲公司的瑕疵履行构成加害给付，根据《民法典》第186条的规定，赵某有权对甲公司择一主张违约责任或者侵权责任。

②《民法典》第1183条第一款规定："侵害自然人人身权益造成严重精神损害的，被侵权人有权请求精神损害赔偿。"因甲公司交付手机具有的缺陷，赵某的健康权与身体权遭受损害，且遭受严重精神损害，就该人身损害，赵某除有权请求甲公司承担财产损害赔偿责任以外，根据《民法典》第1183条第一款的规定，赵某还有权主张精神

损害赔偿。

③《民法典》第996条规定："因当事人一方的违约行为，损害对方人格权并造成严重精神损害，受损害方选择请求其承担违约责任的，不影响受损害方请求精神损害赔偿。"据此，赵某因甲公司加害给付而遭受的严重人身权益损害后果，即使赵某选择对甲公司提起违约之诉，赵某亦有权于对甲公司主张的违约之诉中主张精神损害赔偿。

【参考答案】甲公司提出的这一抗辩理由不成立。理由在于：甲公司对赵某的瑕疵履行既成立违约，又成立产品侵权，构成加害给付，且给赵某造成健康权和身体权等人身权益严重损害的后果，若赵某选择对甲公司提起违约之诉，根据《民法典》第996条的规定，赵某有权在对甲公司的违约之诉中就遭受的严重人身损害后果主张精神损害赔偿。

8. 赵某于7月5日起诉时所主张的诉讼请求（三）（"请求判令甲公司对赵某承担惩罚性损害赔偿责任"），根据现行法的规定，是否具有法律上的理由？为什么？

【个人作答】____________________

【考点】产品责任；惩罚性赔偿责任

【解析】①《民法典》第1206条第一款规定："产品投入流通后发现存在缺陷的，生产者、销售者应当及时采

学有所记：

学有所悟：

学有所记：

学有所悟：

取停止销售、警示、召回等补救措施；未及时采取补救措施或者补救措施不力造成损害扩大的，对扩大的损害也应当承担侵权责任。”《民法典》第1206条第二款规定：“依据前款规定采取召回措施的，生产者、销售者应当负担被侵权人因此支出的必要费用。”甲公司出售给赵某的手机，投入流通后，发现存在缺陷的，生产者（丙公司）、销售者（甲公司）负有法定的跟踪观察义务，应当及时采取停止销售、警示、召回等补救措施。未及时采取合理的补救措施，致使因该缺陷给受害人造成人身、财产损害的，违反跟踪观察义务的生产者、销售者应当承担相应的产品侵权责任。

②《民法典》第1207条规定：“明知产品存在缺陷仍然生产、销售，或者没有依据前条规定采取有效补救措施，造成他人死亡或者健康严重损害的，被侵权人有权请求相应的惩罚性赔偿。”甲公司（销售者）与生产者（丙公司）未及时履行跟踪观察义务，对赵某因产品缺陷遭受的损害，甲公司、丙公司应当承担产品侵权责任。并且，赵某因产品缺陷健康权遭受严重损害，因此，在赵某对甲公司提起的违约之诉中，赵某不仅有权请求甲公司承担补偿性损害赔偿责任，还有权请求甲公司承担惩罚性赔偿责任。

【参考答案】赵某请求甲公司承担惩罚性赔偿责任的诉讼请求，具有法律上的理由。理由在于：甲公司出售给赵某的手机，在投入流通后发现具有缺陷，根据《民法典》第1206条的规定，甲公司作为销售者负有及时采取停止销售、警示、召回等补救措施的法定义务，甲公司未履行该法定义务，致使该缺陷给赵某造成健康权遭受严重损害的后果，根据《民法典》第1207条的规定，赵某不仅有权请求甲公司承担全部的补偿性损害赔偿责任，还有权请求甲公司承担惩罚性赔偿责任。

学有所记：

学有所悟：

## 题目七

**案情：**【1】甲公司（系一化工厂）与乙公司订立买卖合同约定："甲向乙出售医用酒精100吨，总价款90万元。双方均须于2019年4月1日之前履行完毕，一手交钱一手交货。迟延履行一日支付违约金1000元。"直到2019年5月1日，双方均未履行，亦未提出履行。2019年5月5日，甲公司以乙公司为被告起诉（甲起诉前既未向乙履行，亦未提出履行），共提出三项诉讼请求。诉讼请求（一）：请求判令乙公司按约向甲公司支付迟延履行的违约金（自2019年4月2日起至强制执行完毕之日止，每日为1000元）；诉讼请求（二）：请求判令乙公司按约向甲公司支付购买酒精的90万元价款；诉讼请求（三）：请求判令乙公司承担本案的全部诉讼费用。

【2】甲公司向"北大仓"农场购买了500吨玉米（用作制作酒精的原料），"北大仓"农场代办了托运，委托"大行"运输公司将出卖给甲公司的500吨玉米由大连海路运输至连云港交付甲公司（散货运输，2019年7月1日起运，实际于2019年7月8日运至连云港）。2019年7月3日，甲公司与丙公司订立买卖合同约定："甲公司将正由'大行'运输公司运送的500吨玉米中50吨转卖给丙公司。风险负担适用法律的规定。"2019年7月5日，处于散货运输状态中的500吨玉米全部因不可抗力被海水浸泡。

【3】2019年底，甲公司与丁公司订立买卖合同约定："甲向丁出售医用酒精10吨，2020年4月1日交付。一方不履行合同义务的，支付3万元违约金。"为防控新冠疫

学有所记：

学有所悟：

情，2020 年 3 月 15 日，甲所在地的政府决定征用甲现有以及 2020 年度生产的全部医用酒精，甲因此不能按约向丁交付出售的医用酒精。丁公司知情后心急如焚（一方面，丁公司因此不能按期履行数笔医用酒精的订单；另一方面，因酒精市场价格大增，丁公司重新组织货源将多支出相当费用），2020 年 3 月 17 日，丁公司通知甲公司解除双方的 10 吨酒精买卖合同，并请求甲按约支付 3 万元的违约金。

【4】甲将其 A 房屋出租给戊经营餐馆，约定租期 5 年（2018 年 3 月 2 日至 2023 年 3 月 1 日）。2020 年 3 月，受新冠疫情影响，戊经营的餐馆收入锐减，戊一时资金困难，未能按期向甲支付租金。2020 年 4 月，甲催告戊于一个月内支付。2020 年 5 月，因受疫情影响资金困难，戊仍未能支付。2020 年 5 月 15 日，甲公司通知戊解除双方之间的 A 房屋租赁合同。戊接到甲的解除通知后，于 2020 年 5 月 20 日以甲公司为被告诉至互联网法院，提出两项诉讼请求。诉讼请求（一）：请求判决确认甲公司不享有解除权，甲公司与戊的 A 房屋租赁合同未被解除；诉讼请求（二）：请求判决酌情减少戊的部分租金。

【5】2021 年 5 月，甲公司（系一化工厂）多次将生产中产生的废碱液倾倒入长江中，造成严重的环境污染和生态破坏。当地政府知情后，为防止损失扩大采取了相应措施，为此支出 1000 万元。经当地环境科学学会调查、评估，遭受破坏的生态环境能够修复，需生态环境修复费用 4000 万元，生态环境服务功能损失（如不能自长江抽水灌溉或者不能自长江抽水供应自来水）数额为 2500 万元。当地政府因此向当地环境科学学会支付了调查、评估的必要费用 35 万元。

问题：

1. 甲公司于2019年5月5日以乙公司为被告起诉后，甲公司提出的诉讼请求（一）〔“请求判令乙公司按约向甲公司支付迟延履行的违约金（自2019年4月2日起至强制执行完毕之日止，每日为1000元）”〕，能否得到法院的支持？为什么？

【个人作答】________________

________________

________________

________________

________________

________________

________________

________________

【考点】同时履行抗辩权；同时履行抗辩权的存在效力

【解析】①《民法典》第525条规定：“当事人互负债务，没有先后履行顺序的，应当同时履行。一方在对方履行之前有权拒绝其履行请求。一方在对方履行债务不符合约定时，有权拒绝其相应的履行请求。”就甲、乙间的酒精买卖合同而言，双方履行对待给付义务无顺序上的先后，甲未向乙履行交付酒精的对待给付义务，亦未提出履行，根据《民法典》第525条的规定，乙享有同时履行抗辩权，乙有权拒绝向甲履行支付价款的对待给付义务。

②如前所述，甲未向乙履行交付酒精的对待给付义务，亦未提出履行，乙享有同时履行抗辩权。乙享有的同时履行抗辩权，具有存在的效力。所谓“存在的效力”，指无须乙对甲实施行使同时履行抗辩权的行为，亦可发生的效力。其中包括，乙虽未对甲履行支付90万元到期价款的对待给付义务（于2019年4月1日到期），因乙享有同时履行抗

学有所记：

学有所悟：

学有所记：

学有所悟：

辩权，乙的行为不构成迟延履行，甲不享有请求乙承担支付迟延履行违约金的权利。

【参考答案】甲公司提出的诉讼请求（一），不能得到法院支持。理由在于：根据甲、乙的酒精买卖合同，双方履行对待给付义务无顺序上的先后，甲未向乙履行交付酒精的对待给付义务，亦未提出履行，根据《民法典》第525条的规定，乙享有同时履行抗辩权。乙虽未向甲支付于2019年4月1日到期的90万元价金，因乙享有同时履行抗辩权，乙的行为不构成迟延履行，甲不享有请求乙承担支付迟延履行违约金的权利。

2. 甲公司于2019年5月5日以乙公司为被告起诉后，针对甲公司提出的诉讼请求（二）（“请求判令乙公司按约向甲公司支付购买酒精的90万元价款”），若被告乙以“甲尚未向乙履行交付酒精的义务并且亦未提出履行”为由提出抗辩，法院应如何判决？

【个人作答】________________

【考点】同时履行抗辩权；同时履行判决

【解析】①如前所述，就甲、乙的酒精买卖合同而言，甲未向乙履行交付酒精的对待给付义务，亦未提出履行，根据《民法典》第525条的规定，乙享有同时履行抗辩权，即乙有权行使同时履行抗辩权，拒绝向甲履行支付90万元价金的对待给付义务。

②甲于2019年5月5日起诉乙，请求乙履行支付90万元价款的合同义务，享有同时履行抗辩权的被告乙于诉讼中对原告甲行使同时履行抗辩权的，法院应如何作出判决，对此，我国现行法未作规定。根据通说观点，法院应当作出同时履行判决。所谓“同时履行判决”（又称“交换给付的判决”），指法院应当判决乙向甲履行支付90万元价款的合同义务，但该义务的履行，以甲向乙交付100吨酒精并移转所有权为前提条件。换言之，法院应当判决乙向甲履行支付90万元价款的合同义务，并同时在判决中表明：“判决生效后，乙向甲履行支付90万元价款义务的强制履行附生效条件，在甲向乙交付100吨酒精之前，乙向甲履行支付90万元价款的义务不得强制执行，没有执行力。”

**【参考答案】**甲于2019年5月5日起诉乙，请求乙履行支付90万元价款的义务，享有同时履行抗辩权的被告乙于诉讼中对原告甲行使同时履行抗辩权的，法院应如何作出判决，对此，我国现行法未作规定。根据通说观点，法院应当作出同时履行判决（又称“交换给付的判决”），即法院应当判决乙向甲履行支付90万元价款的合同义务，并同时在判决中表明：“判决生效后，乙向甲履行支付90万元价款义务的强制履行附生效条件，在甲向乙交付100吨酒精之前，乙向甲履行支付90万元价款的义务不得强制执行，没有执行力。”

3. 甲公司于2019年5月5日以乙公司为被告起诉后，若被告乙以“甲尚未向乙履行交付酒精的义务并且亦未提出履行”为由提出抗辩，甲公司提出的诉讼请求（三）（“请求判令乙公司承担本案的全部诉讼费用”），能否得到

学有所记：

学有所悟：

学有所记：

法院的支持？为什么？

【个人作答】

【考点】同时履行判决

【解析】①如前所述，甲于2019年5月5日起诉乙，请求乙履行支付90万元价款的义务，享有同时履行抗辩权的被告乙于诉讼中对原告甲行使同时履行抗辩权的，根据通说观点，法院应当作出同时履行判决（又称“交换给付的判决”）。

②甲起诉乙，享有同时履行抗辩权的被告乙对原告甲行使同时履行抗辩权，法院作出同时履行抗辩权的，这一诉讼属于甲还是乙胜诉的判决呢？对此，我国现行法未作规定。根据通说观点，同时履行的判决，系原告甲胜诉的判决，因此诉讼费用应当由被告乙承担。

③通说观点之所以将同时履行判决定性为原告胜诉的判决，主要是出于以下三点考虑：第一，鼓励甲主动起诉，打破僵局（甲、乙酒精买卖合同，不仅乙享有同时抗辩权，甲也享有同时履行抗辩权）；第二，甲的主张（附条件地）得到支持，不能说甲败诉；第三，乙主张同时履行抗辩权，仅生暂停执行判决的效力，并非否定了甲的请求。

【参考答案】甲起诉后，乙主张同时履行抗辩权的，对甲提出的诉讼请求（三）（“请求判令乙公司承担本案的全部诉讼费用”），法院应当判决支持。理由在于：甲起诉乙，

学有所悟：

享有同时履行抗辩权的被告乙对原告甲行使同时履行抗辩权，法院作出同时履行判决，这一诉讼属于甲还是乙胜诉的判决呢？对此，我国现行法未作规定。根据通说观点，同时履行的判决，系原告甲胜诉的判决，因此诉讼费用应当由被告乙承担。

4. 甲公司与丙公司于2019年7月3日订立的50吨玉米买卖合同，风险应当由谁承担？为什么？

【个人作答】

【考点】买卖合同的风险负担

【解析】①《民法典》第606条规定："出卖人出卖交由承运人运输的在途标的物，除当事人另有约定外，毁损、灭失的风险自合同成立时起由买受人承担。"据此，在途货物买卖，当事人没有约定风险负担规则的，自在途货物买卖合同成立时，风险移转给买受人承担。

②《买卖合同解释》第11条规定："当事人对风险负担没有约定，标的物为种类物，出卖人未以装运单据、加盖标记、通知买受人等可识别的方式清楚地将标的物特定于买卖合同，买受人主张不负担标的物毁损、灭失的风险的，人民法院应予支持。"甲公司与丙公司于2019年7月3日订立的50吨玉米买卖合同，属于在途货物买卖合同，且双方未约定风险负担的规则，但是，甲公司出卖给丙公司

学有所记：

学有所悟：

学有所记：

在途运输的50吨玉米，混在散货运输的500吨玉米中，尚未通过分离、标记、转运、提出履行等方式特定化于甲、丙的在途货物买卖合同项下，甲、丙间的50吨玉米的在途货物买卖，仍以种类物指示，根据《买卖合同解释》第11条的规定，甲、丙间作为种类物的50吨玉米在途货物买卖，其风险不能依照《民法典》第606条的规定于在途货物买卖合同成立时移转给丙公司，风险应由甲公司承担。

【参考答案】甲公司与丙公司于2019年7月3日订立的50吨玉米买卖合同，风险应当由甲公司承担。理由在于：甲、丙于2019年7月3日订立的50吨玉米买卖合同，属于在途货物买卖合同，且双方未约定风险负担的规则，但是，甲出卖给丙的50吨玉米，仍混在散货运输的500吨玉米中，尚未特定化于甲、丙的在途货物买卖合同项下，根据《买卖合同解释》第11条的规定，甲、丙间作为种类物的50吨玉米在途货物买卖，其风险不能依照《民法典》第606条的规定于在途货物买卖合同成立时移转给丙公司，风险应由甲公司承担。

学有所悟：

5. 2020年3月15日，甲公司知悉政府的征用决定后，根据我国现行法的规定，甲公司应当向丁公司履行哪些法定义务？

【个人作答】

【考点】不可抗力

【解析】①《民法典》第180条第一款规定："因不可抗力不能履行民事义务的，不承担民事责任。法律另有规定的，依照其规定。"《民法典》第180条第二款规定："不可抗力是不能预见、不能避免且不能克服的客观情况。"人民政府的征用决定对甲公司构成不可抗力，因该不可抗力，甲公司对丁公司不能履行交付10吨医用酒精的买卖合同义务。

②《民法典》第590条第一款规定："当事人一方因不可抗力不能履行合同的，根据不可抗力的影响，部分或者全部免除责任，但是法律另有规定的除外。因不可抗力不能履行合同的，应当及时通知对方，以减轻可能给对方造成的损失，并应当在合理期限内提供证明。"《民法典》第590条第二款规定："当事人迟延履行后发生不可抗力的，不免除其违约责任。"甲公司因不可抗力，对丁公司不能履行交付10吨医用酒精的买卖合同义务，根据《民法典》第590条的规定，甲公司应当向丁公司履行以下两项法定义务：第一，应当及时通知丁公司，以减轻可能给丁公司造成的损失；第二，应当在合理期限内向丁公司提供证明，证明甲公司因为不可抗力不能履行向丁公司交付出售的10吨酒精。

【参考答案】根据《民法典》第180条的规定，人民政府的征用决定对甲公司构成不可抗力，甲公司因此对丁公司不能履行交付10吨医用酒精的买卖合同义务。根据《民法典》第590条的规定，2020年3月15日，甲公司知悉政府的征用决定后，甲公司应当向丁公司履行以下两项法定义务：第一，应当及时通知丁公司，以减轻可能给丁公司造成的损失；第二，应当在合理期限内向丁公司提供证明，证明甲公司因为不可抗力不能履行向丁公司交付出

学有所记：

学有所悟：

学有所记：

售的10吨酒精的合同义务。

6. 2020年3月17日，丁公司是否有权通知解除与甲公司的10吨酒精买卖合同？丁公司是否有权请求甲公司按约支付3万元违约金？为什么？

【个人作答】

【考点】不可抗力；法定解除

【解析】①《民法典》第180条第一款规定："因不可抗力不能履行民事义务的，不承担民事责任。法律另有规定的，依照其规定。"《民法典》第180条第二款规定："不可抗力是不能预见、不能避免且不能克服的客观情况。"

学有所悟：

②《民法典》第563条第一款规定："有下列情形之一的，当事人可以解除合同：（一）因不可抗力致使不能实现合同目的；（二）在履行期限届满前，当事人一方明确表示或者以自己的行为表明不履行主要债务；（三）当事人一方迟延履行主要债务，经催告后在合理期限内仍未履行；（四）当事人一方迟延履行债务或者有其他违约行为致使不能实现合同目的；（五）法律规定的其他情形。"

③《审理涉新冠肺炎疫情民事案件的指导意见（二）》第1条第一款规定："疫情或者疫情防控措施导致当事人不能按照约定的期限履行买卖合同或者履行成本增加，继续履行不影响合同目的的实现，当事人请求解除合同的，人民

法院不予支持。”《审理涉新冠肺炎疫情民事案件的指导意见（二）》第1条第二款规定：“疫情或者疫情防控措施导致出卖人不能按照约定的期限完成订单或者交付货物，继续履行不能实现买受人的合同目的，买受人请求解除合同，返还已经支付的预付款或者定金的，人民法院应予支持；买受人请求出卖人承担违约责任的，人民法院不予支持。”

④人民政府的征用决定对甲公司构成不可抗力，因该不可抗力，甲公司对丁公司不能履行交付10吨医用酒精的合同义务，且因此导致丁公司订立买卖合同目的不能实现，根据《民法典》第563条第一款的规定，出卖人甲公司与买受人丁公司均因此享有法定解除权。同时，甲公司因不可抗力不能履行对丁公司的合同义务，并且也不属于甲公司迟延履行后发生不可抗力，根据《民法典》第590条的规定，甲公司不构成违约，丁公司无权请求甲公司支付3万元违约金。

**【参考答案】**2020年3月17日，丁公司有权通知甲公司解除酒精买卖合同。理由在于：人民政府的征用决定对甲公司构成不可抗力，因该不可抗力，甲公司对丁公司不能履行交付10吨医用酒精的合同义务，且因此导致丁公司订立买卖合同目的不能实现，根据《民法典》第563条第一款的规定，出卖人甲公司与买受人丁公司均因此享有法定解除权。2020年3月17日，丁公司无权请求甲公司支付3万元的违约金。理由在于：甲公司因不可抗力不能履行对丁公司的合同义务，并且也不属于甲公司迟延履行后发生不可抗力，根据《民法典》第590条的规定，甲公司不构成违约，丁公司无权请求甲公司支付3万元违约金。

7. 戊于2020年5月20日以甲公司为被告向互联网法院提起的诉讼，戊提出的诉讼请求（一）（“请求判决确认

学有所记：

学有所悟：

学有所记：

学有所悟：

甲公司不享有解除权，甲公司与戊的A房屋租赁合同未被解除”）与诉讼请求（二）（“请求判决酌情减少戊的部分租金”），法院能否判决支持？为什么？

【个人作答】

【考点】情势变更

【解析】①《民法典》第533条第一款规定：“合同成立后，合同的基础条件发生了当事人在订立合同时无法预见的、不属于商业风险的重大变化，继续履行合同对于当事人一方明显不公平的，受不利影响的当事人可以与对方重新协商；在合理期限内协商不成的，当事人可以请求人民法院或者仲裁机构变更或者解除合同。”《民法典》第533条第二款规定：“人民法院或者仲裁机构应当结合案件的实际情况，根据公平原则变更或者解除合同。”

②《审理涉新冠肺炎疫情民事案件的指导意见（一）》第3条规定：“依法妥善审理合同纠纷案件。受疫情或者疫情防控措施直接影响而产生的合同纠纷案件，除当事人另有约定外，在适用法律时，应当综合考量疫情对不同地区、不同行业、不同案件的影响，准确把握疫情或者疫情防控措施与合同不能履行之间的因果关系和原因力大小，按照以下规则处理：（一）疫情或者疫情防控措施直接导致合同不能履行的，依法适用不可抗力的规定，根据疫情或者疫情防控措施的影响程度部分或者全部免除责任。当事人对

于合同不能履行或者损失扩大有可归责事由的，应当依法承担相应责任。因疫情或者疫情防控措施不能履行合同义务，当事人主张其尽到及时通知义务的，应当承担相应举证责任。（二）疫情或者疫情防控措施仅导致合同履行困难的，当事人可以重新协商；能够继续履行的，人民法院应当切实加强调解工作，积极引导当事人继续履行。当事人以合同履行困难为由请求解除合同的，人民法院不予支持。继续履行合同对于一方当事人明显不公平，其请求变更合同履行期限、履行方式、价款数额等的，人民法院应当结合案件实际情况决定是否予以支持。合同依法变更后，当事人仍然主张部分或者全部免除责任的，人民法院不予支持。因疫情或者疫情防控措施导致合同目的不能实现，当事人请求解除合同的，人民法院应予支持。（三）当事人存在因疫情或者疫情防控措施得到政府部门补贴资助、税费减免或者他人资助、债务减免等情形的，人民法院可以作为认定合同能否继续履行等案件事实的参考因素。"

③《审理涉新冠肺炎疫情民事案件的指导意见（二）》第5条第一款规定："承租房屋用于经营，疫情或者疫情防控措施导致承租人资金周转困难或者营业收入明显减少，出租人以承租人没有按照约定的期限支付租金为由请求解除租赁合同，由承租人承担违约责任的，人民法院不予支持。"《审理涉新冠肺炎疫情民事案件的指导意见（二）》第5条第二款规定："为展览、会议、庙会等特定目的而预订的临时场地租赁合同，疫情或者疫情防控措施导致该活动取消，承租人请求解除租赁合同，返还预付款或者定金的，人民法院应予支持。"

④就甲公司与戊的A房屋租赁合同而言，因新冠疫情，戊经营的餐馆收入锐减，导致戊按照A房屋租赁合同约定的履行期限和租金数额向甲公司支付租金出现重大困难，

学有所记：

学有所悟：

学有所记：

学有所悟：

根据《民法典》第533条的规定，成立情势变更。A房屋租赁合同的当事人甲公司与戊均不因情势变更享有法定解除权，甲公司不享有法定解除权，互联网法院应当判决支持戊提出的诉讼请求（一），判决确认甲公司与戊的A房屋租赁合同未被解除。同时，根据《民法典》第533条的规定，互联网法院可根据发生的情势变更，结合双方的具体情况，结合公平原则与诚实信用原则所确立的价值判断，判决酌情减少戊的部分租金，从而支持戊提供的诉讼请求（二）。

【参考答案】法院可以判决支持戊提出的诉讼请求（一）与诉讼请求（二）。理由如下：就甲公司与戊的A房屋租赁合同而言，因新冠疫情，戊经营的餐馆收入锐减，导致戊按照A房屋租赁合同约定的履行期限和租金数额向甲公司支付租金出现重大困难，根据《民法典》第533条的规定，成立情势变更。戊因情势变更未遵期支付到期租金的，不属于违约，甲公司不享有法定解除权，法院应当判决支持戊提出的诉讼请求（一），即判决确认甲公司与戊的A房屋租赁合同未被解除。同时，根据《民法典》第533条的规定，法院可根据发生的情势变更，结合双方的具体情况，结合公平原则与诚实信用原则所确立的价值判断，判决酌情减少戊的部分租金，从而支持戊提出的诉讼请求（二）。

8. 对甲公司于2021年5月多次向长江倾倒废碱液造成的严重环境污染和生态破坏后果，若当地政府对甲公司提起公益诉讼，根据现行法的规定，当地政府有权请求甲公司承担哪些内容的民事责任？

【个人作答】________________________________

________________________________________

学有所记：

学有所悟：

【考点】环境污染和生态破坏责任

【解析】①《民法典》第1234条规定："违反国家规定造成生态环境损害，生态环境能够修复的，国家规定的机关或者法律规定的组织有权请求侵权人在合理期限内承担修复责任。侵权人在期限内未修复的，国家规定的机关或者法律规定的组织可以自行或者委托他人进行修复，所需费用由侵权人负担。"

②《民法典》第1235条规定："违反国家规定造成生态环境损害的，国家规定的机关或者法律规定的组织有权请求侵权人赔偿下列损失和费用：（一）生态环境受到损害至修复完成期间服务功能丧失导致的损失；（二）生态环境功能永久性损害造成的损失；（三）生态环境损害调查、鉴定评估等费用；（四）清除污染、修复生态环境费用；（五）防止损害的发生和扩大所支出的合理费用。"

③《民法典》第1232条规定："侵权人违反法律规定故意污染环境、破坏生态造成严重后果的，被侵权人有权请求相应的惩罚性赔偿。"

【参考答案】若当地政府对甲公司提起公益诉讼，根据现行法的规定，当地政府有权请求甲公司承担以下三方面的责任：①请求甲公司在合理期限内承担生态环境修复责任。甲公司在期限内未修复的，当地政府自行或者委托他人进行修复的，可请求甲公司负担修复费用（根据题干交代约为4000万元）。②请求甲公司承担下列补偿性赔偿责

学有所记：

学有所悟：

任：第一，损害发生后自修复完成止造成的生态环境服务功能损失（如不能自长江抽水灌溉或者不能自长江抽水供应自来水）数额为2500万元；第二，当地政府向当地环境科学学会支付的35万元调查、评估必要费用。③因甲公司属于违反法律规定故意污染环境、破坏生态造成严重后果，当地政府还有权请求甲公司承担惩罚性损害赔偿责任。

## 题目八

案情：【1】2020年3月1日，经招投标程序，甲公司与乙公司订立《建设工程施工合同（一）》约定："乙公司承建甲公司开发的'迷幻庄园'商品房小区中的16号楼，工程价款2亿元，于竣工验收后一个月内付清。"2020年5月1日，甲公司与乙公司又另行订立《建设工程施工合同（二）》约定："乙公司承建甲公司开发的'迷幻庄园'商品房小区中的16号楼，工程价款1.7亿元，于竣工验收后一个月内付清。乙公司预先放弃未来可能对在建工程享有的优先受偿权。"《建设工程施工合同（二）》的其他内容与《建设工程施工合同（一）》相同。

【2】2021年6月1日，乙公司建造的16号楼经竣工验收合格并交付；到2021年7月2日，甲公司按照《建设工程施工合同（二）》的约定共向乙公司支付了1.7亿元工程价款。由于乙公司承建的其他工程拿不到工程款（大多因资金链断裂建成烂尾楼），乙公司欠付大量建筑工人工资不能如期支付（数百名建筑工人因此经常到乙公司办公楼前抗议示威），2021年7月15日，乙公司提出请求甲公司按照《建设工程施工合同（一）》的约定支付2亿元的工程款，在已经支付了1.7亿元的基础上，再补充支付3000万

元，甲公司拒绝。

【3】赵某看中“迷幻庄园”小区16号楼中的A房屋，为筹集购买A房屋的房款，赵某向钱某借款100万元，双方约定：“钱某借给赵某100万元，借期一年，自2020年3月2日至2021年3月1日，赵某按30%的年利率支付利息。赵某以其所有的‘远洋山水’小区的B房屋为钱某设立抵押权担保。钱某对B房屋抵押权的存续期间为1年的借款期间加借款期届满后3个月。抵押期间内，未经钱某同意，禁止赵某转让抵押给钱某的B房屋。”钱某按约向赵某提供100万元借款后，赵某为钱某办理了B房屋的抵押登记，登记簿的他项权利栏明确记载：“钱某对B房屋抵押权的存续期间为1年的借款期间加借款期届满后3个月。”但双方一直没有将抵押期间禁止转让B房屋的约定办理登记。

【4】借期届满后，赵某无力按约对钱某履行还款义务。2021年3月5日，钱某催促赵某按约还本付息时，赵某明确表示“拒绝按照约定的30%年利率支付借期利息”，钱某坚决不同意。四处筹措无果后，2021年7月1日，未经钱某同意，赵某与孙某订立买卖合同约定：“赵某将其‘远洋山水’小区的B房屋出卖给孙某，价款260万元。”当日，为孙某办理了过户登记（办理过户登记时，孙某知道张某与钱某禁止转让B房屋的约定）。2021年7月5日，钱某知情后向登记部门提出异议后，登记部门通知孙某办理B房屋过户登记的涂销登记，赵某和孙某以“登记的抵押权存续期间届满，钱某对B房屋的抵押权已经消灭”为由向登记部门提出申诉。孙某见状，向赵某提出，暂不向赵某支付购房款，先由孙某代为清偿赵某对钱某的借款债

学有所记：

学有所悟：

学有所记：

学有所悟：

务后，赵某与孙某再行结算，赵某表示同意。

【5】2021 年 7 月 10 日，孙某向钱某提出由自己代为清偿赵某对钱某的借款债务，钱某坚决反对，拒绝接受。2021 年 7 月 11 日，孙某以代为清偿赵某对钱某的借款债务为由向公证机关提存（本金 100 万元、借期利息 15 万元、逾期利息 9 万元；借期利息以及逾期利息的计算均符合法律规定）。

【6】甲公司向赵某交付 A 房屋后不久，尚未办理过户登记，房价开始下跌，赵某决定出售 A 房屋，赵某委托李某（人称“京城房哥”）代理出售。结婚多年一直没有住房的周某知道李某（“京城房哥”）这个人后，也委托李某代理购买一房屋用于居住，周某特别要求李某做好安排，尽量少缴纳税款。李某于是同时代理赵某和周某以书面方式订立了《买卖合同 A》和《买卖合同 B》。《买卖合同 A》约定：“赵某将 A 房屋以 300 万元的价格出卖给周某。”《买卖合同 B》约定：“赵某将 A 房屋以 400 万元的价格出卖给周某。”2021 年 6 月 1 日，李某告诉赵某和周某，赵某与周某实际履行《买卖合同 B》，《买卖合同 A》对赵某与周某不生效力，仅作周某缴纳税款之用。周某与赵某均表示同意，周某当即向赵某支付了 320 万元的房款，赵某当即向周某交付了 A 房屋。赵某与周某还约定：“剩余的 80 万元房款六个月后一次性支付，自周某向赵某支付全部 400 万元价款后，赵某为周某办理 A 房屋的过户登记。”

【7】2021 年 11 月 1 日，因甲公司仍拒绝按照《建设工程施工合同（一）》补充支付 3000 万元工程价款，乙公司以对建设工程行使优先受偿权为由，申请法院查封了

"迷幻庄园"商品房小区中的16号楼，其中包括赵某正在装修但仍登记在甲公司名下的A房屋。

问题：

1. 2021年7月15日，乙公司请求甲公司按照《建设工程施工合同（一）》的约定支付2亿元的工程款，在已经支付了1.7亿元的基础上，再补充支付3000万元。乙公司这一请求是否有法律上的理由？为什么？

【个人作答】______________________________

________________________________________

________________________________________

________________________________________

________________________________________

________________________________________

________________________________________

________________________________________

【考点】建设工程施工合同；黑白合同的特别规则

【解析】①《建设工程施工合同解释（一）》第2条第一款规定："招标人和中标人另行签订的建设工程施工合同约定的工程范围、建设工期、工程质量、工程价款等实质性内容，与中标合同不一致，一方当事人请求按照中标合同确定权利义务的，人民法院应予支持。"该条适用于强制招投标建设工程。

②《建设工程施工合同解释（一）》第23条规定："发包人将依法不属于必须招标的建设工程进行招标后，与承包人另行订立的建设工程施工合同背离中标合同的实质性内容，当事人请求以中标合同作为结算建设工程价款依据的，人民法院应予支持，但发包人与承包人因客观情况发生了在招标投标时难以预见的变化而另行订立建设工程施工合同的除外。"该条适用于非强制招投标建设工程。

学有所记：

学有所悟：

学有所记：

学有所悟：

③甲公司建造的“迷幻庄园”小区的16号楼，不属于强制招投标建设工程。在经招投标程序订立中标合同［即《建设工程施工合同（一）》］（即“白合同”）之后，甲公司与乙公司又就同一建设工程另行订立《建设工程施工合同（二）》（即“黑合同”），并且《建设工程施工合同（二）》背离中标合同［即《建设工程施工合同（一）》］的实质内容（将工程价款减少0.3亿元），根据《建设工程施工合同解释（一）》第23条的规定，除非属于因情势变更而协议变更，否则，承包人乙公司有权请求发包人甲公司以中标合同［即《建设工程施工合同（一）》］（即“白合同”）作为计算建设工程价款的依据。

**【参考答案】** 乙公司这一请求有理由。因为，甲公司与乙公司就非强制招投标建设工程通过招投标程序订立中标合同［《建设工程施工合同（一）》］之后，甲公司与乙公司又就同一建设工程另行订立《建设工程施工合同（二）》，并且《建设工程施工合同（二）》背离中标合同［即《建设工程施工合同（一）》］的实质内容（将工程价款减少0.3亿元），在工程经验收质量合格后，根据《建设工程施工合同解释（一）》第23条的规定，承包人乙公司有权请求发包人甲公司以中标合同［即《建设工程施工合同（一）》］作为计算建设工程价款依据。

2. 2021年11月1日后，乙公司是否仍有权对建设工程（16号楼）行使承包人工程价款优先受偿权？为什么？

**【个人作答】** ________________

学有所记：

学有所悟：

【考点】建设工程施工合同承包人工程价款优先受偿权

【解析】①《民法典》第807条规定："发包人未按照约定支付价款的，承包人可以催告发包人在合理期限内支付价款。发包人逾期不支付的，除根据建设工程的性质不宜折价、拍卖外，承包人可以与发包人协议将该工程折价，也可以请求人民法院将该工程依法拍卖。建设工程的价款就该工程折价或者拍卖的价款优先受偿。"如前所述，乙公司有权请求甲公司按照《建设工程施工合同（一）》的约定支付2亿元工程价款，即在已经支付了1.7亿元的基础上，再补充支付3000万元。若经乙公司催告后经过合理期间，甲公司仍不支付，根据《民法典》第807条的规定，乙公司可对建设工程（16号楼）行使建设工程施工合同承包人工程价款优先受偿权。

②《建设工程施工合同解释（一）》第42条规定："发包人与承包人约定放弃或者限制建设工程价款优先受偿权，损害建筑工人利益，发包人根据该约定主张承包人不享有建设工程价款优先受偿权的，人民法院不予支持。"虽然，在《建设工程施工合同（二）》中，根据甲公司与乙公司的约定，乙公司已经预先放弃对建设工程（16号楼）的工程价款优先受偿权，但是，因为该放弃行为，导致乙公司无力支付大量建筑工人的到期工资，损害了建筑工人的利益，根据《建设工程施工合同解释（一）》第42条的规定，乙公司放弃对建设工程承包人工程价款优先受偿权的行为无效，乙公司对在建工程（16号楼）仍然享有工程价款优先受偿权。

【参考答案】乙公司有权对建设工程（16号楼）行使

学有所记：

承包人工程价款优先受偿权。理由在于：虽然，甲公司与乙公司在《建设工程施工合同（二）》中约定乙公司放弃对建设工程（16号楼）的工程价款优先受偿权，但是，因为该放弃行为，导致乙公司无力支付大量建筑工人的到期工资，损害了建筑工人的利益，根据《建设工程施工合同解释（一）》第42条的规定，乙公司放弃对建设工程承包人工程价款优先受偿权的行为无效，乙公司对在建工程（16号楼）仍然享有工程价款优先受偿权。

3. 2021年11月1日，因行使承包人工程价款优先受偿权，乙公司申请法院查封了“迷幻庄园”商品房小区中的16号楼后，周某是否有权提出执行异议，请求人民法院解除对周某所购A房屋的查封？为什么？

【个人作答】

学有所悟：

【考点】房屋消费者的物权期待权

【解析】①《九民纪要》第125条第一款规定：“实践中，商品房消费者向房地产开发企业购买商品房，往往没有及时办理房地产过户手续。房地产开发企业因欠债而被强制执行，人民法院在对尚登记在房地产开发企业名下但已出卖给消费者的商品房采取执行措施时，商品房消费者往往会提出执行异议，以排除强制执行。对此，《最高人民法院关于人民法院办理执行异议和复议案件若干问题的规定》第29条规定，符合下列情形的，应当支持商品房消费者的诉讼请求：一是在人民法院查封之前已签订合法有效的书面买卖合同；二是所购商品房系用于居住且买受人名下无其他用于居住的房屋；三是已支付的价款超过合同约定总价款的百分之五十。人民法院在审理执行异议之诉案件时，可参照适用此条款。”

②《九民纪要》第125条第二款规定：“问题是，对于其中‘所购商品房系用于居住且买受人名下无其他用于居住的房屋’如何理解，审判实践中掌握的标准不一。‘买受人名下无其他用于居住的房屋’，可以理解为在案涉房屋同一设区的市或者县级市范围内商品房消费者名下没有用于居住的房屋。商品房消费者名下虽然已有1套房屋，但购买的房屋在面积上仍然属于满足基本居住需要的，可以理解为符合该规定的精神。”

③《九民纪要》第125条第三款规定：“对于其中‘已支付的价款超过合同约定总价款的百分之五十’如何理解，审判实践中掌握的标准也不一致。如果商品房消费者支付的价款接近于百分之五十，且已按照合同约定将剩余价款支付给申请执行人或者按照人民法院的要求交付执行的，可以理解为符合该规定的精神。”

④周某购买的A房屋，虽然仍登记在房地产开发企业甲公司名下，但周某购买的A房屋符合以下三个条件：第一，在法院查封之前已签订合法有效的书面买卖合同。第二，周某所购A房屋系用于居住且买受人名下无其他用于居住的房屋（系周某在同一设区的市或者县级市范围内唯一用于居住的房屋）。第三，周某已支付的价款超过合同约定总价款的百分之五十。参照《九民纪要》第125条规定的精神，周某对A房屋享有“房屋消费者物权期待权”，在权利实现的顺位上，周某对A房屋的“房屋消费者物权

学有所记：

学有所悟：

学有所记：

期待权”优先于承包人乙公司的工程价款优先受偿权，因此周某有权提出执行异议，请求人民法院解除对A房屋的查封。

【参考答案】周某有权提出执行异议，请求人民法院解除对周某所购A房屋的查封。理由在于：周某购买的A房屋，虽然仍登记在甲公司名下，但周某购买的A房屋符合以下三个条件：第一，在法院查封之前已签订合法有效的书面买卖合同。第二，周某所购A房屋系用于居住且买受人名下无其他用于居住的房屋（系周某在同一设区的市或者县级市范围内唯一用于居住的房屋）。第三，周某已支付的价款超过合同约定总价款的百分之五十。参照《九民纪要》第125条规定的精神，周某对A房屋享有“房屋消费者物权期待权”，在权利实现的顺位上，周某对A房屋的“房屋消费者物权期待权”优先于承包人乙公司的工程价款优先受偿权。

学有所悟：

4. 2021年3月5日，钱某催促赵某按约还本付息时，赵某主张“拒绝按照约定的30%年利率支付借期利息”，赵某的主张是否符合法律规定？为什么？

【个人作答】______________________________

【考点】民间借贷；利率上限

【解析】①《民间借款规定》第25条第一款规定：

"出借人请求借款人按照合同约定利率支付利息的，人民法院应予支持，但是双方约定的利率超过合同成立时一年期贷款市场报价利率四倍的除外。"《民间借款规定》第25条第二款规定："前款所称'一年期贷款市场报价利率'，是指中国人民银行授权全国银行间同业拆借中心自2019年8月20日起每月发布的一年期贷款市场报价利率。"

②赵某与钱某的借款合同属于民间借贷，双方明确约定借款人赵某须支付借期利息，且约定了支付借期利息的利率标准，赵某负有按照约定支付借期利息的法律义务，但受利率上限的限制，约定利率中超过"借款合同成立时一年期贷款市场报价利率（LPR）四倍"的部分无效。赵某与钱某借款合同成立之时"一年期贷款市场报价利率（LPR）"的四倍大约为15%的年利率，而赵某与钱某约定按30%的年利率支付借期利息，该约定借期利率中超过LPR四倍的部分无效。

**【参考答案】**赵某主张"拒绝按照约定的30%年利率支付借期利息"，赵某的主张符合法律规定。因为，赵某与钱某的借款合同属于民间借贷，双方明确约定借款人赵某须支付借期利息，且约定了支付借期利息的利率标准，赵某负有按照约定支付借期利息的法律义务，但受利率上限的限制，根据《民间借贷规定》第25条的规定，约定利率中超过"借款合同成立时一年期贷款市场报价利率（LPR）四倍"的部分无效。赵某与钱某借款合同成立之时"一年期贷款市场报价利率（LPR）"的四倍大约为15%的年利率，而赵某与钱某约定按30%的年利率支付借期利息，该约定借期利率中超过LPR四倍（约为15%）的部分无效。

5. 2021年7月1日，赵某为孙某办理B公司的过户登记后，孙某是否能够取得对B房屋的所有权？为什么？

学有所记：

学有所悟：

学有所记：

【个人作答】

【考点】抵押物的转让

【解析】①《民法典》第406条第一款规定："抵押期间，抵押人可以转让抵押财产。当事人另有约定的，按照其约定。抵押财产转让的，抵押权不受影响。"《民法典》第406条第二款规定："抵押人转让抵押财产的，应当及时通知抵押权人。抵押权人能够证明抵押财产转让可能损害抵押权的，可以请求抵押人将转让所得的价款向抵押权人提前清偿债务或者提存。转让的价款超过债权数额的部分归抵押人所有，不足部分由债务人清偿。"

学有所悟：

②《民法典担保制度解释》第43条第一款规定："当事人约定禁止或者限制转让抵押财产但是未将约定登记，抵押人违反约定转让抵押财产，抵押权人请求确认转让合同无效的，人民法院不予支持；抵押财产已经交付或者登记，抵押权人请求确认转让不发生物权效力的，人民法院不予支持，但是抵押权人有证据证明受让人知道的除外；抵押权人请求抵押人承担违约责任的，人民法院依法予以支持。"《民法典担保制度解释》第43条第二款规定："当事人约定禁止或者限制转让抵押财产且已经将约定登记，抵押人违反约定转让抵押财产，抵押权人请求确认转让合同无效的，人民法院不予支持；抵押财产已经交付或者登记，抵押权人主张转让不发生物权效力的，人民法院应予

支持，但是因受让人代替债务人清偿债务导致抵押权消灭的除外。”

③B房屋为抵押财产，抵押人赵某与抵押权人钱某约定，抵押期间，未经钱某同意，禁止赵某转让B房屋，虽未将该禁止转让抵押财产的约定办理登记，但是，抵押人赵某违反约定将B房屋转让给孙某并办理过户登记时，孙某属于恶意的受让人（知道赵某与钱某禁止转让抵押财产的约定），根据《民法典担保制度解释》第43条第一款的规定，不能发生物权变动的效果，孙某未能取得对B房屋的所有权。

【参考答案】B房屋为抵押财产，抵押人赵某与抵押权人钱某约定，抵押期间，未经钱某同意，禁止赵某转让B房屋，虽未将该禁止转让抵押财产的约定办理登记，但是，抵押人赵某违反约定将B房屋转让给孙某并办理过户登记时，孙某属于恶意的受让人（知道赵某与钱某禁止转让抵押财产的约定），根据《民法典担保制度解释》第43条第一款的规定，不能发生物权变动的效果，孙某未能取得对B房屋的所有权。

6. 2021年7月5日，登记部门通知孙某办理B房屋过户登记的涂销登记时，赵某和孙某以“登记的抵押权存续期间届满，钱某对B房屋的抵押权已经消灭”为由向登记部门提出申诉，该申诉理由是否成立？为什么？

【个人作答】____________________

____________________

____________________

____________________

____________________

____________________

学有所记：

学有所悟：

学有所记：

学有所悟：

【考点】抵押权的法定存续期间；物权法定

【解析】①《民法典》第419条规定："抵押权人应当在主债权诉讼时效期间行使抵押权；未行使的，人民法院不予保护。"该条规定了抵押权的法定存续期间，抵押权的法定存续期间为该抵押权担保的债权的诉讼时效期间。抵押权人未于该期间内行使抵押权的，抵押权消灭。

②《民法典》第116条规定："物权的种类和内容，由法律规定。"抵押权的存续期间属于抵押权的内容，根据物权法定，抵押权的存续期间只能由法律规定。赵某以B房屋为钱某设立抵押权时，双方约定钱某对B房屋享有抵押权的存续期间为1年零3个月（1年的借款期间加借款期届满后3个月），该约定违反物权内容法定，不发生物权效力，钱某对B房屋抵押权的存续期间不按双方的约定，适用《民法典》第419条规定的抵押权的法定存续期间。

【参考答案】该申诉理由不成立。因为，抵押权的存续期间属于抵押权的内容，根据《民法典》第116条规定的物权法定规则，抵押权的存续期间只能由法律规定。赵某以B房屋为钱某设立抵押权时，双方约定钱某对B房屋享有抵押权的存续期间为1年的借款期间加借款期届满后3个月，该约定违反物权法定，不发生物权效力，钱某对B房屋抵押权的存续期间不按双方的约定，适用第419条规定的抵押权的法定存续期间，即该抵押权担保的借款债务的诉讼时效期间（自2021年3月2日至2024年3月1日）。

7. 2021年7月11日，孙某向公证机关提存的行为能否产生赵某对钱某借款债务被清偿的法律效果？为什么？

【个人作答】

【考点】有法律上利害关系第三人的代为清偿请求权；提存

【解析】①《民法典》第406条第一款规定："抵押期间，抵押人可以转让抵押财产。当事人另有约定的，按照其约定。抵押财产转让的，抵押权不受影响。"《民法典担保制度解释》第43条第一款规定："当事人约定禁止或者限制转让抵押财产但是未将约定登记，抵押人违反约定转让抵押财产，抵押权人请求确认转让合同无效的，人民法院不予支持；抵押财产已经交付或者登记，抵押权人请求确认转让不发生物权效力的，人民法院不予支持，但是抵押权人有证据证明受让人知道的除外；抵押权人请求抵押人承担违约责任的，人民法院依法予以支持。"《民法典担保制度解释》第43条第二款规定："当事人约定禁止或者限制转让抵押财产且已经将约定登记，抵押人违反约定转让抵押财产，抵押权人请求确认转让合同无效的，人民法院不予支持；抵押财产已经交付或者登记，抵押权人主张转让不发生物权效力的，人民法院应予支持，但是因受让人代替债务人清偿债务导致抵押权消灭的除外。"

②《民法典》第524条第一款规定："债务人不履行债务，第三人对履行该债务具有合法利益的，第三人有权向债权人代为履行；但是，根据债务性质、按照当事人约定

学有所记：

学有所悟：

学有所记：

学有所悟：

或者依照法律规定只能由债务人履行的除外。”《民法典》第524条第二款规定：“债权人接受第三人履行后，其对债务人的债权转让给第三人，但是债务人和第三人另有约定的除外。”

③《民法典》第570条第一款规定：“有下列情形之一，难以履行债务的，债务人可以将标的物提存：（一）债权人无正当理由拒绝受领；（二）债权人下落不明；（三）债权人死亡未确定继承人、遗产管理人，或者丧失民事行为能力未确定监护人；（四）法律规定的其他情形。”《民法典》第571条第一款规定：“债务人将标的物或者将标的物依法拍卖、变卖所得价款交付提存部门时，提存成立。”《民法典》第571条第二款规定：“提存成立的，视为债务人在其提存范围内已经交付标的物。”

④如前所述，B房屋作为抵押财产，约定抵押期间禁止转让，虽未将该禁止转让的约定办理过户登记，抵押人赵某违反约定将B房屋出卖给孙某并办理过户登记，由于孙某受让时为恶意，孙某未能取得B房屋的所有权，B房屋仍归赵某所有。若代为清偿赵某对钱某的借款债务，钱某对B房屋的抵押权消灭，孙某即可取得对B房屋的所有权，因此，对赵某对钱某到期借款义务的清偿，抵押财产（B房屋）的受让人孙某具有法律上的利害关系，根据《民法典》第524条第一款的规定，孙某享有代为清偿请求权，若孙某向钱某提出代为清偿赵某对钱某的到期借款债务，债权人钱某不得拒绝（应当受领孙某的代为清偿）；钱某拒绝受领的，属于债权人无正当理由拒绝受领，根据《民法典》第570条的规定，孙某有权向公证机关提存，自孙某向公证机关提存相应数额时，赵某对钱某的还本付息义务，因有法律上利害关系的第三人孙某的代为清偿而消灭。

**【参考答案】** B房屋作为抵押财产，约定抵押期间禁止转让，虽未将该禁止转让的约定办理过户登记，抵押人赵某违反约定将B房屋出卖给孙某并办理过户登记，由于孙某受让时为恶意，孙某未能取得B房屋的所有权，B房屋仍归赵某所有。若代为清偿赵某对钱某的借款债务，钱某对B房屋的抵押权消灭，孙某即可取得对B房屋的所有权，因此，对赵某对钱某到期借款义务的清偿，抵押财产（B房屋）的受让人孙某具有法律上的利害关系，根据《民法典》第524条第一款的规定，孙某享有代为清偿请求权，若孙某向钱某提出代为清偿赵某对钱某的到期借款债务，债权人钱某不得拒绝（应当受领孙某的代为清偿）；钱某拒绝受领的，属于债权人无正当理由拒绝受领，根据《民法典》第570条的规定，孙某有权向公证机关提存，自孙某向公证机关提存相应数额时，赵某对钱某的还本付息义务，因有法律上利害关系的第三人孙某的代为清偿而消灭。

8. 2021年6月1日，李某代理赵某与周某订立《买卖合同A》的效力如何？为什么？

【个人作答】______________________________

______________________________

______________________________

______________________________

______________________________

______________________________

______________________________

______________________________

【考点】双方虚假行为；双方代理

【解析】①《民法典》第168条第二款规定："代理人不得以被代理人的名义与自己同时代理的其他人实施民事法律行为，但是被代理的双方同意或者追认的除外。"李某

学有所记：

学有所悟：

学有所记：

同时作为赵某与周某的代理人，代理赵某与周某订立《买卖合同 A》，属于双方代理。根据《民法典》第 168 条第二款的规定，李某双方代理属于无权代理，须经双方被代理人赵某与周某的追认，才能发生有权代理的效果。因双方被代理人赵某与周某知道双方代理的事实后，均对李某的双方代理行为予以追认，因此李某实施双方代理订立的《买卖合同 A》直接归属于被代理人赵某与周某承受。

②《民法典》第 146 条第一款规定："行为人与相对人以虚假的意思表示实施的民事法律行为无效。"李某在代理赵某与周某订立《买卖合同 A》之时，根据李某代理所实施的意思表示，《买卖合同 A》对被代理人赵某与周某不生效力，因此《买卖合同 A》属于双方虚假行为，根据《民法典》第 146 条第一款的规定，作为双方虚假行为的《买卖合同 A》对赵某与周某无效。

学有所悟：

【参考答案】2021 年 6 月 1 日，李某代理赵某与周某订立《买卖合同 A》，对赵某与周某无效。理由在于：李某同时作为赵某与周某的代理人，代理赵某与周某订立《买卖合同 A》，属于双方代理，双方代理属于无权代理，因双方被代理人赵某与周某知道双方代理的事实后，均对李某的双方代理行为予以追认，根据《民法典》第 168 条第二款的规定，李某实施双方代理订立的《买卖合同 A》直接归属于被代理人赵某与周某承受。同时，根据李某在代理订立《买卖合同 A》所为的意思表示，《买卖合同 A》对被代理人赵某与周某不生效力，《买卖合同 A》属于双方虚假行为，根据《民法典》第 146 条第一款的规定，作为双方虚假行为的《买卖合同 A》对赵某与周某无效。

9. 2021 年 6 月 1 日，李某代理赵某与周某订立《买卖合同 B》的效力如何？为什么？

【个人作答】

学有所记：

【考点】隐藏行为；双方代理

【解析】①《民法典》第168条第二款规定："代理人不得以被代理人的名义与自己同时代理的其他人实施民事法律行为，但是被代理的双方同意或者追认的除外。"李某同时作为赵某与周某的代理人，代理赵某与周某订立《买卖合同B》，属于双方代理。根据《民法典》第168条第二款的规定，李某双方代理属于无权代理，须经双方被代理人赵某与周某的追认，才能发生有权代理的效果。因双方被代理人赵某与周某知道双方代理的事实后，均对李某的双方代理行为予以追认，因此李某实施双方代理订立的《买卖合同B》直接归属于被代理人赵某与周某承受。

②《民法典》第146条第二款规定："以虚假的意思表示隐藏的民事法律行为的效力，依照有关法律规定处理。"李某在代理赵某与周某订立《买卖合同B》之时，为了达到让周某少缴纳税款的目的，又虚假作成《买卖合同A》隐藏《买卖合同B》，因此，《买卖合同B》属于隐藏行为，根据《民法典》第146条第二款的规定，被隐藏的事实对《买卖合同B》的效力不发生影响，《买卖合同B》的效力适用法律关于买卖合同的效力规则认定。根据现行法的规定，《买卖合同B》无任何效力瑕疵，成立并有效。

【参考答案】2021年6月1日，李某代理赵某与周某

学有所悟：

学有所记：

订立《买卖合同B》，已经成立并生效。理由在于：李某同时作为赵某与周某的代理人，代理赵某与周某订立《买卖合同B》，属于双方代理，双方代理属于无权代理，因双方被代理人赵某与周某知道双方代理的事实后，均对李某的双方代理行为予以追认，根据《民法典》第168条第二款的规定，李某实施双方代理订立的《买卖合同B》直接归属于被代理人赵某与周某承受。同时，《买卖合同B》属于隐藏行为，根据《民法典》第146条第二款的规定，被隐藏的事实对《买卖合同B》的效力不发生影响，《买卖合同B》的效力适用法律关于买卖合同的效力规则认定。根据现行法的规定，《买卖合同B》无任何效力瑕疵，成立并有效。

学有所悟：

学有所记：

# 第二部分　作答民法主观题（案例题）的方法论

## 一、写什么

民法主观题备考过程中，较为普遍的困惑是，作答时，“不知道写什么”“无从下笔”“下笔多言不及义”“常漏点”，等等。其实，民法主观题的作答，与法官判案一样，需包含一个完整的演绎推理的三段论过程。具体而言，以将适用的完整民法规范为大前提，以案件事实完全符合该民法规范的全部要件特征为小前提，以案件事实发生该民法规范之法律效果为结论。因此，民法主观题的作答，就是写出这个三段论的完整内容。

## 二、如何写

1. 需简化。文贵简洁，行于所当行，止于不可不止。作答民法主观题之演绎推理的三段论，在大前提、小前提和结论中，有两部分是重复的：第一，大前提与小前提均包含“要件特征”这一内容；第二，小前提与结论均包含“法律效果”这一内容。若都一五一十地写出，便有“啰嗦”“臃肿”之病，况且如此枝枝蔓蔓，易遮挡“阅卷人的视线”，未见“硕果”的阅卷人若因此落笔扣分，便辜负了作答人的实力。职是之故，作答时，须简化，对三段论中有重复的“要件特征”和“法律效果”作承前省略或者蒙后省略处理，使“要件特征”和“法律效果”在整个

学有所悟：

学有所记：

学有所悟：

叙述（作答）中只出现一次，以达到简洁、流畅、完整之效。

2. 需突出关键词。主观题的阅卷，遵循“踩点给分”规则。因此，作答之时，须突出要点，突出关键词，使有助于得分的“关键词”清晰完整地呈现出来，“历历皆在目前”，要让那阅卷人与作答者“心有灵犀”“心心相印”。

## 三、完整民法规范得以适用之“演绎推理三段论”的基本结构

1. 民法规范的逻辑结构。民法是规定各种各样“民法规范”的部门法。结构完整的民法规范（完全规范）以假言命题表述，分“构成要件”和“法律效果”两部分，基本结构是“如果……那么”格式：如果存在特定的构成要件 T，那么就会出现特定的法律效果 R。用逻辑符号表示：T→R。

2. 民法规范的适用过程。民法规范通过涵摄之过程得以适用。涵摄（Subsumtion），指将特定案件事实（生活事实）置于法律规范要件（T）之下，以获得一定的结论（R）的一种思维过程。换言之，即认定特定事实是否该当于民法规范的要件，而发生一定的民法效果（权利义务关系）。

3. 涵摄的逻辑结构。以涵摄（Subsumtion）为核心的民法规范适用过程，表现为演绎推理三段论，即：①民法规范（T→R）为大前提。②特定的案件事实（S＝T）为小前提。③以一定法律效果的发生为其结论（S→R）。

| 涵摄的逻辑结构 | | |
|---|---|---|
| ① | 大前提 | T→R（具备 T 的要件时，即适用 R 之法律效果） |
| ② | 小前提 | S＝T（特定的案件事实 S 该当于 T 的要件） |
| ③ | 结　论 | S→R（特定的案件事实 S，适用 R 之法律效果） |

| 涵摄过程更为具体的描述 | | |
|---|---|---|
| 由于民法规范的要件（T），通常系由多数的要件特征（M）组成，因此，特定的案件事实，必须该当于所有的要件特征（要件事实），始能发生该民法规范所定的法律效果（R）。这样，涵摄过程的演绎推理三段论便表现为如下结构： | | |
| ① | 大前提 | $T = M^1 + M^2 + M^3 \rightarrow R$ |
| ② | 小前提 | $S = M^1 + M^2 + M^3$ |
| ③ | 结　论 | $S \rightarrow R$ |

学有所记：

## 四、通过一个司考真题来看看“如何写”

| 例子（2010 年主观题第 8 问） |
|---|
| **案情：** 甲公司、乙公司于 2010 年 3 月 1 日签订买卖合同约定：“甲公司向乙公司购买总价款为 100 万元的绿豆。由乙公司代办托运，货交承运人丙公司后即视为完成交付。货交丙公司后甲公司付 50 万元货款，货到甲公司后再付清余款 50 万元。”2010 年 4 月 1 日，乙公司按照约定将绿豆交给丙公司，按照托运合同，丙公司应在十天内将绿豆运至甲公司。<br>2010 年 4 月 5 日，因绿豆行情暴涨，丙公司以自己名义按 130 万元价格将绿豆转卖给不知情的己公司，并迅即交付，但尚未收取货款。甲公司得知后，拒绝追认丙公司行为，要求己公司返还绿豆。<br>**问题：** 甲公司是否有权要求己公司返还绿豆？为什么？ |

学有所悟：

| 1. 初步分析 | |
|---|---|
| 考点 | 动产（绿豆）所有权的善意取得 |
| 案件事实 | 承运人丙公司擅自以自己的名义将甲公司所有的绿豆出卖给第三人己公司的行为属于无权处分，但己公司于受让绿豆之现实交付时符合善意取得动产所有权的构成要件，发生己公司善意取得所购绿豆所有权的法律效果，甲公司对绿豆的所有权因己公司之善意取得而消灭，甲公司因此无权要求己公司返还绿豆。 |
| 作答内容 | ①大前提：以《民法典》第 311 条为载体之“动产所有权善意取得”这一完整民法规范。 |

学有所记：

续表

| | |
|---|---|
| 作答内容 | ②小前提：己公司受让绿豆时的状况完全符合（“该当于”）上列民法规范的全部要件特征。 |
| | ③结论：发生己公司善意取得所购绿豆所有权的法律效果，甲公司对绿豆的所有权因己公司之善意取得而消灭，甲公司无权请求己公司返还绿豆。 |

| 2. 大前提、小前提和结论的完整内容 | |
|---|---|
| 大前提 | 构成要件（若符合以下全部五个要件特征）：①动产系占有委托物（标的物适合善意取得）；②动产的占有人以自己的名义实施无权处分（有权利外观、公信力）；③受让人受让动产时为善意（不知让与人系无权处分且对不知情无重大过失）；④受让人以合理的价格受让；⑤已公示且公示手段充分（让与人已经以现实交付、简易交付或者指示交付的方式完成动产交付）。 |
| | 法律效果（则发生如下之民法上的法律效果）：受让人于受让交付之时善意取得该动产所有权；原动产所有权人之所有权因此消灭。 |
| 小前提 | 案件事实（丙公司擅自将受托运输的绿豆以自己的名义、以市场价格出卖给不知情的己公司并完成现实交付）“该当于”（完全符合）以《民法典》第 311 条为载体之“动产所有权善意取得”这一完整民法规范全部五个要件特征：①受托运输的绿豆系占有委托物（标的物适合善意取得）；②绿豆的直接占有人丙公司以自己的名义实施无权处分（有权利外观、公信力）；③受让人己公司受让绿豆之现实交付时主观上为善意（不知让与人丙公司系无权处分且对不知情无重大过失）；④受让人己公司以合理的价格（市场价格）受让；⑤已经向己公司以现实交付的方式完成了出卖绿豆的交付（已公示且公示手段充分）。 |
| 结论 | 案件事实（丙公司擅自将受托运输的绿豆以自己的名义、以市场价格出卖给不知情的己公司并完成现实交付）应当发生以《民法典》第 311 条为载体之“动产所有权善意取得”这一完整民法规范所规定的民法上的法律效果：受让人己公司于受让绿豆之现实交付之时善意取得该批绿豆的所有权；原动产所有权人甲公司对该批绿豆的所有权因此消灭；甲公司无权要求己公司返还该批绿豆。 |

学有所悟：

| 3. 思路整理 | |
|---|---|
| 简化 | 在上表所述大前提、小前提和结论之完整内容中，有两部分是重复的，即：第一，大前提与小前提均包含“要件特征”这一内容；第二，大前提与结论均包含“法律效果”这一内容。无须重复写两遍，须作简化处理，以使“要件特征”和“法律效果”在作答中仅出现一次即可。 |
| 理顺 | 虽说文无定法，但考试时作答，顺从多数人的表述习惯（阅读习惯）进行作答，是一个比较理性的选择、一个比较安全的做法。多数人的表述习惯是，先说“有一个什么事”，然后说“依据一个什么理由”，最后说“这个事的结果如何（应如何）”。所以，作答民法主观题时，一个合理的表述顺序是：第一，先说“案件事实是否完全符合法律规范的全部要件特征”；第二，再说“依据是哪个（哪些）法律规定（规范）或者民法理论”；第三，最后说“案件事实应当产生什么民法效果”。 |
| 修饰 | “凡文不足以动人，所以动人者气也；凡文不足以入人，所以入人者情也。”民法主观题的作答，运笔行文，亦需修饰。为打动阅卷人，有助于得分，须注意四点：第一，行文流畅；第二，突出关键词；第三，简洁、完整；第四，尽可能运用“法言法语”。 |

学有所记：

学有所悟：

| 4. 笔者（抛砖引玉）的作答 |
|---|
| 问题：甲公司是否有权要求己公司返还绿豆？为什么？（2010 年民法案例分析第 8 问） |
| 答案：甲公司无权要求己公司返还所购的绿豆。理由在于，虽然丙公司将运输的绿豆出卖给己公司的行为属于无权处分，但是，出售的绿豆属于占有委托物，丙出卖时为绿豆的直接占有人，己公司受让时善意且无过失，己公司以合理的价格受让，且丙公司已经向己公司完成了现实交付，根据《民法典》第 311 条的规定，虽然甲公司拒绝追认，己公司自受让绿豆交付时善意取得所购绿豆的所有权，甲公司对绿豆的所有权因己公司善意取得而消灭，甲公司无权请求己公司返还该批绿豆。 |

学有所记：

学有所悟：

## 五、如何练

1. 法考名师如是说：①刑法蔡雅奇老师2019年9月13日微博撰文曰："主观题阶段，资料再好，讲得再好，您要是不亲自写，都白搭。"②民诉张进德老师2019年9月14日微博撰文曰："老斯基认为，关键还是在于掌握考点。你练得天花乱坠，人家踩点给分，你又奈何？法考中那些'一小问一小答'的主观案例题，答题在于准确度。除了多写多练，还要拿出更多时间去应对'限定范围的主观题考点'，对相关考点力争做到'见点知面''倒推如流'。"③理论法宋光明老师2019年9月11日微博撰文曰："论述题的关键在于写，如果你不具备写问题的能力，那就从写句子开始。如果你不具备写句子的能力，那就从改写句子开始。关键是要动手。"④……

2. 笔者的意见：多说无益，只说一点。选择一个民法真题（如2020年民法主观题真题）和一个模拟题（如自己认可的模拟题），前前后后写它三遍五遍，写完改，改完再改，直到自己很满意。直写得，春风又"绿"江南岸；写得那，但留清气"满"乾坤。"五个题各写一遍，不如一个题写五遍。"千锤百炼，精益求精。善哉！

## 六、"找考点"这一能力如何训练

前头的话

民法主观题的作答，另一个关键是"找考点"，即准确确定每一问的考点（换言之，猜对出题人的用意）。只要"找对了考点"，基本上就不会答错，即能有所斩获。当然，这也是民法主观题作答之时最困难的地方。

"找考点"，就是确定题目交代的"案件事实"完全符合哪个（哪些）完整民法规范的"全部要件特征"，同时能够（应当）适用这个（这些）完整民法规范，发生其规定的民法效果。换言之，

续表

| |
|---|
| “找考点”是一个涵摄（Subsumtion）的过程。“找考点”的能力是可以通过有意的训练而迅速提高的。 |

| 例子（2006 年主观题第 2 问） |
|---|
| **案情**：2004 年 2 月，王某未经其妻同意，以自家住房（婚后购买，房产证登记所有人为王某）向乙银行抵押借款 30 万元，并办理了抵押登记。2005 年 12 月，因王某借款到期未还，乙银行申请法院对该客车采取财产保全措施，并请求对王某的住房行使抵押权。<br>**问题**（第 2 问）：乙银行能否对王某住房行使抵押权？为什么？ |

| 对这一问作答时涵摄过程之约略描述 |
|---|
| （1）从“以法律效果为导向的逆向思考”开始。 |
| （2）目光穿梭到法律制度，确定推理的“大前提”。 |
| （3）目光穿梭到案件事实（从案例事实中，萃取具有规范意义的“要件事实”），确定推理的“小前提”。 |
| （4）得出结论（并回答问题）。 |

| （1）以“法律效果为导向的逆向思考” |
|---|
| 即将“能否发生 S→R 这一法律效果”作为思考的出发点，作一个演绎推理。具体到此例：乙银行能对王某住房行使抵押权，须以“乙银行对王某住房享有抵押权，并且实现抵押权的条件具备”为前提。乙银行可基于多种原因对该房屋享有抵押权（如：①房屋抵押权的设立；②房屋抵押权的善意取得；③基于抵押权的从属性，通过受让债权取得房屋抵押；④通过企业合并取得房屋抵押权；⑤通过受遗赠取得房屋抵押权……）。而“实现抵押权的条件”规定在《民法典》第 410 条，包括两种情形：第一种，债务人不履行到期债务；第二种，发生当事人约定的实现抵押权的情形。 |

| （2）目光穿梭到法律制度，确定推理的“大前提”<br>（须考虑好几个法律规定！） |
|---|
| 第一个，根据《民法典》第 402 条的规定，“设立房屋抵押权”的构成要件有三：①抵押合同有效；②抵押人具有相应的处分 |

学有所记：

学有所悟：

学有所记：

学有所悟：

续表

| |
|---|
| 权；③办理完毕抵押登记。<br>第二个，根据《民法典》第 311 条及学理补充（涉及“法律漏洞填补”），“善意取得房屋抵押权”的构成要件有四：①不动产登记簿出现权属登记错误；②登记名义人以自己的名义实施无权处分；③受让人受让时系善意（办理抵押登记时不知无处分权的事实，且对不知情无重大过失）；④办理完毕抵押登记。<br>第三个，根据《民法典》第 1062 条的规定，在婚姻关系存续期间，一方或双方共同取得的财产，原则上，属于夫妻共同共有。<br>第四个，根据《民法典》第 301 条，除非另有约定，处分共同共有财产的，须经共同共有人一致同意，处分行为才能对全部共同共有人发生效力。 |

| （3）目光穿梭到案件事实，确定推理的“小前提” |
|---|
| 即：从案例事实中，萃取具有规范意义的“要件事实”，确定推理的“小前提”。必要时，“目光来回穿梭于”案件事实与法律规范。如此，可认定以下事实：<br>第一个，房屋系婚后购买，且不存在一方单独所有的事实，故应认定为王某与妻子共同共有。<br>第二个，王某将房屋抵押给乙银行时，未经共同共有人妻子同意，属于无权处分。故乙银行不可能通过《民法典》第 402 条之规定，基于抵押合同取得对该房屋的抵押权。故而，排除适用《民法典》第 402 条。<br>第三个，王某将房屋抵押给乙银行满足以下四点：①房屋系夫妻共同共有，但登记在王某一人名下，权属登记错误，但产生了权利外观，具有公信力，善意受让人对此权利外观的信赖应予保护；②登记名义人王某以自己的名义实施无权处分，为乙银行设立抵押权；③乙银行受让时（办理抵押登记时）善意且无重大过失；④已办理完毕房屋抵押登记。 |

| （4）得出结论（并回答问题） | |
|---|---|
| 结论 | 结论有二：①乙银行通过善意取得对王某住房享有抵押权；②债务人王某不履行到期的还本付息义务，具备实现房屋抵押权的条件。 |

续表

| | |
|---|---|
| 作答 | 答案：乙银行能对王某的住房行使抵押权。理由在于：婚后购买登记在王某名下的房屋系夫妻共同共有财产，王某擅自抵押给乙银行属于无权处分，但该房屋登记在王某的名下，王某实施擅自抵押之无权处分行为时存在权利外观，乙银行受让时（办理抵押登记时）主观上为善意，并且已经办理完毕房屋抵押权的设立登记，根据《民法典》第 311 条的规定，符合善意取得房屋抵押权的构成要件，乙银行善意取得对该房屋的抵押权。又因为王某不履行还本付息的到期义务，根据《民法典》第 410 条的规定，抵押权实现的条件具备，乙银行有权行使房屋抵押权，申请法院拍卖抵押的房屋，并就变卖所得价款优先受偿。 |

## 七、“信心比黄金还珍贵”

**1. 为答题能力插上信心的翅膀，骄傲飞翔**

在司考（法考）中，相较于解答选择题（客观题），解答主观题的难度的确大一些。但在本质上，并无显著之不同，思考过程均系一演绎推理之三段论过程，大同小异。作答主观题之时，要坚定地相信：自己通过艰苦卓绝的复习，该掌握的知识点都掌握得差不多了，只要从容冷静作答，是一定能够回答得上来的！毕竟，有志者，事竟成。毕竟，天道酬勤。毕竟，一分耕耘一分收获。

若误以为“案例题的难度远远大于选择题”，高不可攀，在作答主观题之时，自己吓唬自己，畏手畏脚，不敢下笔，错失良机，不能发挥出已经拥有的高水平，不能展示真实的强能力，不亦惑乎？

| 2. 讲一个与 2012 年主观题第 1 问有关的小故事 | |
|---|---|
| 题目 | 案情（摘自 2012 年案例题）：①设甲为信用卡的持卡人，乙为发出信用卡的银行，丙为接受银行信用卡消费的百货公司。甲可以凭信用卡到丙处持卡消费，但应于下个月的 15 日前将其消费的款项支付给乙；丙应当接受甲的持卡消费，并于每月的 20 日请求乙支付甲消费的款项，丙不得请求甲支付其消费的款项。②2012 年 3 月，甲消费了 5 万元，无力向乙还款。甲与乙达成协议，约定 3 个月内还款，甲将其 1 |

学有所记：

学有所悟：

学有所记：

学有所悟：

续表

| | |
|---|---|
| 题目 | 间铺面房抵押给乙，并作了抵押登记。应乙的要求，甲为抵押的铺面房向丁保险公司投了火灾险，并将其对保险公司的保险赔偿请求权转让给了己。 |
| 问题 | 问题（第1问）：2012年3月之前，甲与乙之间存在什么法律关系？乙与丙之间存在什么法律关系？甲与丙之间存在什么法律关系（3分）？ |
| 答案 | 答案（官方答案）：①甲持卡在丙处消费，由乙向丙付款，这是一种无名合同关系，参照委托合同的规定处理。甲应依其消费金额向乙还款，甲、乙之间还形成借款合同法律关系（或形成还款关系）。②丙负有接受符合条件的持卡人的消费，即丙受乙的委托向第三人（消费者）为给付，有与第三人订立合同的义务，这是一种类似于委托的关系（或无名合同关系）。乙在丙完成对第三人的给付之后，丙有要求乙付款的权利。③甲与丙之间构成买卖合同关系。 |
| 故事 | 2013年早春三月，一个残阳如血的傍晚，在昌平上完司考民法辅导课程的丑老钟与一名叫"小丽"的美女学员同乘一辆"捷达"小汽车自昌平返回海淀途中，小丽感叹道："我去年考了358分，差两分。那个3分的考信用卡的民法题目您没讲过，我不会。要是您讲过，我就361分过关了！"<br>老钟闻此，心里一紧，半为尴尬，半是羞愧。出于一种反驳他人观点的习惯，老钟立马以略带教导性的语气正色回复道："这一问三分，没学过法律的人也答得出！你是能够回答得上来的。你肯定是太紧张，才那样的。所以呀！考试做题时，不要慌！不要忙！题目都是人做出来的！要相信自己！You are the one！"<br>见老钟已经开始以湖北口音飚英语，小丽一时语塞。老钟完全来了精神头，扭头问正在驾车的司机："牛师傅，你是学法律的吗？"牛师傅快人快语："还学法律呢！我初中都没毕业！"清了一声嗓子后，老钟略带试探性地建议道："要不我们做个试验，请牛师傅回答这个题目！"不等小丽答话，老钟为牛师傅出题："牛师傅，要是你到银行办个信用卡，然后你到商场刷信用卡买东西，问'你刷信用卡买东西后，你与商场之间成立一种什么法律关系？'牛师傅，这一问1分！"<br>牛师傅听题后，一连踩了两脚油门，连超了三辆车，才拖长了尾音，以反问的方式回答道："交易关系？"见丑老钟苦笑，牛师傅立即更正道："买卖关系。" |

续表

| | |
|---|---|
| 故事 | 老钟立马接住话："对！就是买卖合同关系。好！牛师傅你在司法考试中已经得到1分了。我再问你，你到商场刷信用卡买东西，此后，你得向银行还钱。你知道，你事先并没有在信用卡里存钱。现在问'你刷完信用卡之后，你与银行之间成立一种什么法律关系？'牛师傅，这一问1分！"<br>老钟话音未落，牛师傅即作答完毕："借款合同。"<br>老钟张嘴笑了！笑纹未收，老钟便扭头，以语重心长的口气，对后座上的小丽说："你看看！没忽悠吧！这一题中的三问，没学过法律的人，也能至少得两分。你呀！今年考试时，只需要自信！妥妥滴！"<br>小丽闻此，笑而不语。 |

| 3. 故事之外的旁证 | |
|---|---|
| ① | 2016年2月20日，微博名为"请叫我翔翔"的同学在老钟微博上留言道："正如老钟在课上所讲，我用信用卡在商场购买商品时，问外婆这构成什么法律关系。外婆说：'买卖、买卖合同关系！'"。老钟揣摩，他（她）的外婆肯定不是民商法博士。 |
| ② | 无独有偶。2016年正月，微博名为"新安烟雨点流苏"的同学在老钟微博上留言道："老钟啊，我刚刚听你的课的时候，一节课听完我外婆在一边说：'这个老师讲得真好，我都听懂了。'"不是老钟讲得好，是民法就是这么平实，就是这么接地气。关键在于，考试作答之时，你要相信你自己。 |

学有所记：

学有所悟：

学有所记：

# 附录：2016 年—2020 年民法主观题

## 一、2016 年民法主观题

### 案例分析题（本题 22 分）

**案情：**【1】自然人甲与乙订立借款合同，其中约定甲将自己的一辆汽车作为担保物让与给乙。借款合同订立后，甲向乙交付了汽车并办理了车辆的登记过户手续。乙向甲提供了约定的 50 万元借款。

学有所悟：

【2】一个月后，乙与丙公司签订买卖合同，将该汽车卖给对前述事实不知情的丙公司并实际交付给了丙公司，但未办理登记过户手续，丙公司仅支付了一半购车款。某天，丙公司将该汽车停放在停车场时，该车被丁盗走。丁很快就将汽车出租给不知该车来历的自然人戊，戊在使用过程中因汽车故障送到己公司修理。己公司以戊上次来修另一辆汽车时未付修理费为由扣留该汽车。汽车扣留期间，己公司的修理人员庚偷开上路，驾驶违章撞伤行人辛，辛为此花去医药费 2000 元。现丙公司不能清偿到期债务，法院已受理其破产申请。

**问题：**

1. 甲与乙关于将汽车让与给债权人乙作为债务履行担保的约定效力如何？为什么？乙对汽车享有什么权利？

【个人作答】______________________________

学有所记：

【考点】让与担保

【官方参考答案】有效。因为我国物权法虽然没有规定这种让与担保方式，但并无禁止性规定。通过合同约定，再转移所有权的方式达到担保目的，是不违反法律的，也符合合同自由、鼓励交易的立法目的。对于乙对汽车享有什么权利，答案（一）：乙享有的不是所有权，而是以所有权人的名义享有担保权。答案（二）：由于办理了过户登记手续，乙享有所有权。

【解析】①“让与担保”的概念。“让与担保”，又称“担保性所有权让与”，指债务人或第三人与债权人约定，为担保债务的履行，债务人或第三人将其财产（动产、不动产、股权、专利权、债权等）的财产权（所有权、股权、专利权、债权等）在形式上移转到债权人名下，以担保债务的履行。若债务人到期清偿了债务，债权人将该财产返还给担保人（债务人或者第三人）；若债务人不履行到期债务，债权人终局确定取得该财产权以优先抵偿到期债务。

②甲为乙所提供担保性质的认定。甲将其一汽车的所有权移转给乙，以担保甲对乙借款债务的履行，已经完成财产权移转给乙的公示方式，该担保属于让与担保。通常，以动产或者不动产设立让与担保时，一方面使债权人取得该动产或不动产的所有权（动产须交付于债权人，不动产须为债权人办理过户登记）；另一方面担保人仅以“占有改定”方式交付担保物，让与担保设定后，担保人仍直接占有动产或不动产，债权人仅取得间接占有。本题的特别之

学有所悟：

学有所记：

学有所悟：

处在于，设立让与担保时，甲以现实交付的方式向乙交付汽车（这主要是为了方便设计题目后面的内容）。

③作为非典型担保的让与担保，其设立规则与效力规则，规定在《民法典担保制度解释》第 68 条。《民法典担保制度解释》第 68 条第一款规定："债务人或者第三人与债权人约定将财产形式上转移至债权人名下，债务人不履行到期债务，债权人有权对财产折价或者以拍卖、变卖该财产所得价款偿还债务的，人民法院应当认定该约定有效。当事人已经完成财产权利变动的公示，债务人不履行到期债务，债权人请求参照民法典关于担保物权的有关规定就该财产优先受偿的，人民法院应予支持。"《民法典担保制度解释》第 68 条第二款规定："债务人或者第三人与债权人约定将财产形式上转移至债权人名下，债务人不履行到期债务，财产归债权人所有的，人民法院应当认定该约定无效，但是不影响当事人有关提供担保的意思表示的效力。当事人已经完成财产权利变动的公示，债务人不履行到期债务，债权人请求对该财产享有所有权的，人民法院不予支持；债权人请求参照民法典关于担保物权的规定对财产折价或者以拍卖、变卖该财产所得的价款优先受偿的，人民法院应予支持；债务人履行债务后请求返还财产，或者请求对财产折价或者以拍卖、变卖所得的价款清偿债务的，人民法院应予支持。"

④让与担保与"物权法定"。《民法典》第 116 条规定："物权的种类和内容，由法律规定。"该条确立了"物权法定原则"。据此，当事人的约定违反物权种类法定或者内容法定的，该约定不发生物权效力，但不妨碍其发生合同（债权）效力。迄今为止，全国人大以及全国人大常委会制定的法律尚未规定作为担保物权的让与担保，那么，甲、乙约定的让与担保能否发生物权效力呢？答案是：甲、

乙设立让与担保的约定不违反物权法定，能够发生物权效力。理由有二。第一个理由：为保障交易安全，应当坚持《民法典》第116条规定的物权法定主义，但是，为防止阻碍交易，应采“物权法定缓和主义”，即应当认为《民法典》第116条所规定的“法律”，不仅包括全国人大以及全国人大常委会制定的法律，还包括“习惯法”，习惯法亦可创设新类型的物权。在过去长期的民间借贷实践中，在中国大陆，已经形成了承认让与担保属于一种非典型担保物权的习惯法。第二个理由：《民法典》第388条第一款规定：“设立担保物权，应当依照本法和其他法律的规定订立担保合同。担保合同包括抵押合同、质押合同和其他具有担保功能的合同。”该条所谓“其他具有担保功能的合同”，可以解释为包括设立让与担保的合同。

⑤甲、乙让与担保“何时发生何种物权效力”？(a)“何时发生物权效力”？根据《民法典担保制度解释》第68条的规定，让与担保，若尚未完成财产权利变动的公示，虽不影响让与担保协议的效力，但不发生物权效力；让与担保，若已经完成财产权利变动的公示（动产已交付债权人；不动产已为债权人办理过户登记；股权已完成工商过户登记等），自公示完成时，发生物权效力。(b)“发生何种物权效力”？根据《民法典担保制度解释》第68条的规定，让与担保，已经完成财产权利变动公示的，债权人“不能取得所有权”（股权或专利权等），债权人仅取得作为非典型担保的“让与担保物权”。据此，甲交付汽车后，乙未取得汽车的所有权，仅对汽车取得“让与担保物权”，甲不履行到期还款义务的，乙可对汽车优先受偿，但须清算。

⑥题外话：本题第一问，在法考（司考）的历史上，对民法具有重大意义，它确立一个民法主观题的答题规则，主观题（案例分析题），有争议的问题，“答案是开放的”，

学有所记：

学有所悟：

学有所记：

各种言之成理的观点均可作为答案，重在说理与论证。答出其中之一，即可得满分，当然，最好将主要观点全部罗列。

【采点得分答案】①甲、乙的约定有效，且已发生物权效力。②甲、乙约定，甲将其汽车所有权在形式上移转于乙的名下，以担保甲对乙借款债务的履行，该约定属于让与担保的约定，不违反法律、行政法规的效力性强制规定，甲、乙间的让与担保协议有效；同时，甲已经按约向已完成汽车的交付，即甲已经完成财产权移转的公示，发生物权变动的效力。③根据《民法典担保制度解释》第 68 条的规定，乙仅对汽车取得“让与担保担保物权”，乙对汽车未取得所有权。

学有所悟：

2. 甲主张乙将汽车出卖给丙公司的合同无效，该主张是否成立？为什么？

【个人作答】

【考点】无权处分；善意取得

【官方参考答案】不能成立。答案一：乙对汽车享有所有权，其有权处分该汽车。没有导致合同无效的其他因素。答案二：虽然乙将汽车出卖给丙公司的行为属于无权处分，对甲也是违约行为，但无权处分不影响合同效力，法律并不要求出卖人在订立买卖合同时对标的物享有所有权或者处分权。

【解析】①《民法典》第 597 条第一款规定：“因出卖人未取得处分权致使标的物所有权不能转移的，买受人可以解除合同并请求出卖人承担违约责任。”如前所述，乙并未取得汽车所有权，乙将该车出卖给丙，属于无权处分，但根据《民法典》第597条的规定，无权处分的事实不影响买卖合同的效力，乙、丙汽车买卖合同已经成立并生效。

②乙将该汽车出卖给丙，虽属无权处分，但根据《民法典》第311条和《民法典物权编解释（一）》第19条的规定，丙符合善意取得汽车所有权的五个条件：（a）汽车为占有委托物；（b）动产的占有人乙以自己的名义实施无权处分（具有权利外观）；（c）丙受让汽车时（受让交付时）为善意（该车登记在乙名下）；（d）约定丙以合理价格的受让（虽仅实际支付了一半价款，但约定以合理价格受让即可）；（e）乙已经向丙完成汽车的交付（就公示而言，善意取得汽车所有权，无须办理过户登记，仅需以现实交付、简易交付或者指示交付的方式完成交付）。因此，丙已经善意取得该车所有权。

**【采点得分答案】** 甲主张乙将汽车出卖给丙公司的合同无效，该主张不成立，理由有二。第一个理由：由于甲以汽车为乙设立让与担保，乙并未取得对汽车的所有权，因此，乙将汽车出卖给丙，属于无权处分，但是，根据《民法典》第597条第一款的规定，无权处分的事实不影响乙、丙汽车买卖合同的效力，依照现行法的规定，乙、丙汽车买卖合同已经成立并生效。第二个理由：因乙属于无权处分，不能发生基于法律行为的动产物权变动，但是，根据《民法典》第311条的规定，丙符合善意取得汽车所有权的构成要件，丙自受让汽车交付时，善意取得对该汽车的所有权，已经发生物权变动的效果。

3. 丙公司请求乙将汽车登记在自己名下是否具有法律依据？为什么？

学有所记：

学有所悟：

学有所记：

学有所悟：

【个人作答】

【考点】买卖合同；出卖人的合同义务

【官方参考答案】有法律依据。因根据物权法的规定，汽车属于特殊动产，交付即转移所有权，登记只是产生对外的效力，不登记不具有对抗第三人的效力。本案中因为汽车已经交付，丙公司已取得汽车所有权。

【解析】①《民法典》第509条第一款规定："当事人应当按照约定全面履行自己的义务。"《民法典》第598条规定："出卖人应当履行向买受人交付标的物或者交付提取标的物的单证，并转移标的物所有权的义务。"《民法典》第599条规定："出卖人应当按照约定或者交易习惯向买受人交付提取标的物单证以外的有关单证和资料。"据此，基于乙、丙间生效的买卖合同，出卖人乙不仅对买受人丙负担交付标的物并移转所有权的主给付义务，还负担交付其他单证和资料的从给付义务。同时，根据《民法典》第509条第一款的规定，出卖人乙应当"全面适当"地履行主给付义务和从给付义务。

②《民法典》第225条规定："船舶、航空器和机动车等的物权的设立、变更、转让和消灭，未经登记，不得对抗善意第三人。"如前所述，自受让乙的交付时，丙善意取得汽车所有权，但在为丙办理过户登记之前，丙取得汽车所有权不完整（不能对抗善意第三人），因此，基于乙、丙间有效的汽车买卖合同，丙有权请求乙履行为自己办理汽车过户登记的从给付义务。

【采点得分答案】丙公司请求乙将汽车登记在自己名

下，具有法律依据。理由在于：基于出卖人乙与买受人丙公司间有效的汽车买卖合同，丙公司既享有请求乙履行交付汽车、移转汽车所有权之主给付义务的履行请求权，也享有请求乙履行办理汽车过户登记、交付汽车权属证书之从给付义务的履行请求权。

4. 丁与戊的租赁合同是否有效？为什么？丁获得的租金属于什么性质？

【个人作答】______________________________

______________________________________

______________________________________

______________________________________

______________________________________

【考点】擅自出租他人之物；不当得利

【官方参考答案】有效，因为尽管丁不享有所有权或处分权，但是并不影响租赁合同效力。其所得的租金属于不当得利。

【解析】①《民法典》第723条第一款规定："因第三人主张权利，致使承租人不能对租赁物使用、收益的，承租人可以请求减少租金或者不支付租金。"《民法典》第723条第二款规定："第三人主张权利的，承租人应当及时通知出租人。"据此，擅自出租他人之物的，擅自出租的事实，"不影响租赁合同的效力"。据此，丁盗窃丙所有的汽车后，丁出租给戊，属于擅自出租他人之物，但擅自出租的事实不影响租赁合同的效力，丁、戊间的汽车租赁合同已经成立并生效。

②丁将汽车出租给戊期间，丁为汽车的间接占有人。同时，丁相对于丙属于无权占有。丁对该汽车无权占有期间，丁获得财产利益（丁间接占有该车并获得租金收益），

学有所记：

学有所悟：

学有所记：

学有所悟：

并因此给所有权人丙造成损失（丙不能占有使用汽车，汽车因戊使用而损耗），丁取得该利益欠缺法律上的原因，根据《民法典》第985条的规定，成立侵害权益型不当得利，丙就此对丁享有不当得利返还请求权。丁不当取得的利益为“对汽车的无权占有和用益”，该得利依照性质不能返还，丁向丙返还相应的价额（该车的占有使用费的市场价额）。当然，丁的行为也成立过错侵权，丙亦可选择对丁主张侵权损害赔偿请求权。

③题外话：严格言之，丁取得的“租金”，来源于丁、戊间有效的租赁合同，具有法律上的原因，不成立不当得利。丁对丙构成不当得利的原因，系丁对汽车的“无权占有”和“无权用益”。由此可见，本题的设问以及所给的官方参考答案，是有一些瑕疵的。这一问题出现的次数还挺多的。我们作答之时，“得意忘言”，心中有数，不予深究。

**【采点得分答案】**①丁、戊间的该汽车租赁合同有效。理由在于：丁将该汽车出租给戊，属于擅自出租他人之物，但是，根据《民法典》第723条第一款的规定，擅自出租他人之物的事实，不影响租赁合同的效力，因此，丁、戊间的该汽车租赁合同已经成立并生效。②丁、戊汽车租赁期限内，丁对该车成立间接占有，同时，丁对该汽车的间接占有，相对于所有权人丙属于无权占有，根据《民法典》第985条的规定，丁对该车的无权占有与无权用益，对汽车的所有权人丙成立侵害权益型不当得利，丙有权就此请求丁返还不当得利。

5. 己公司是否有权扣留汽车并享有留置权？为什么？

**【个人作答】**______________________________

______________________________

学有所记：

学有所悟：

【考点】普通动产留置权；商事留置权

【官方参考答案】己公司无权扣留汽车并享有留置权。《物权法》第231条规定，债权人留置的动产与债权应该属于同一法律关系。而在本案中，债权与汽车无牵连关系。

【解析】①《民法典》第448条规定："债权人留置的动产，应当与债权属于同一法律关系，但是企业之间留置的除外。"《民法典担保制度解释》第62条第一款规定："债务人不履行到期债务，债权人因同一法律关系留置合法占有的第三人的动产，并主张就该留置财产优先受偿的，人民法院应予支持。第三人以该留置财产并非债务人的财产为由请求返还的，人民法院不予支持。"据此，己公司因此次加工承揽占有的戊送修的汽车，与因上次加工承揽修理另一辆汽车对戊享有的到期修理费债权，不属于同一法律关系，不具有牵连性，因此，己公司对占有的该车不成立"普通留置权"。

②《民法典担保制度解释》第62条第二款规定："企业之间留置的动产与债权并非同一法律关系，债务人以该债权不属于企业持续经营中发生的债权为由请求债权人返还留置财产的，人民法院应予支持。"《民法典担保制度解释》第62条第三款规定："企业之间留置的动产与债权并非同一法律关系，债权人留置第三人的财产，第三人请求债权人返还留置财产的，人民法院应予支持。"根据《民法典》第448条的规定，成立商事留置权，无须债权人占有的动产与担保的债权属于同一法律关系。但是，第一，成立商事留置权，须债务人与债权人均为企业，本题中债务人戊为自然人，因此，己公司对占有的汽车不成立商事留

学有所记：

置权；第二，成立商事留置权，须债权人占有属于债务人所有的动产，本题中债权人己公司占有的汽车不归债务人戊所有，而是归第三人丙所有，因此，在这一点上，也不符合成立商事留置权的条件，亦不成立“商事留置权”。

【采点得分答案】己公司无权扣留该汽车并行使留置权。理由有二：第一，己公司占有的该汽车与其拟担保的因修理另一辆汽车所享有的到期修理费债权不属于同一法律关系，无牵连性，己对占有的该汽车，不成立普通动产留置权。第二，戊系自然人而非企业，同时，己公司占有的该汽车归第三人丙所有，不归修理费的债务人戊所有，因此，己对占有的该汽车，亦不成立商事留置权。

6. 如不考虑交强险责任，辛的 2000 元损失有权向谁请求损害赔偿？为什么？

【个人作答】

学有所悟：

【考点】用人者责任

【官方参考答案】辛有权向戊、己公司、庚请求赔偿，因为戊系承租人，系汽车的使用权人；庚是己公司的雇员，庚的行为属于职务行为，己应当承担雇用人（或雇主）责任；庚系肇事人（或者答直接侵权行为人）。

【解析】①《民法典》第 1208 条规定：“机动车发生交通事故造成损害的，依照道路交通安全法律和本法的有关规定承担赔偿责任。”庚驾车违章机动车发生道路交通事故致行人辛遭受人身损害，属于“机动车与行人之间”发生道路交通事故致人损害，根据《道路交通安全法》第 76

条的规定，交强险的保险金不足以弥补辛的损失的，机动车一方承担无过错侵权责任。但有减免事由：(a) 若行人辛故意碰撞机动车，免除机动车一方的责任；(b) 若行人辛具有过失，可以适当减轻机动车一方的责任；(c) 若机动车一方能证明自己无过错，机动车一方承担不超过10%的责任。本题不存在减免事由，因此，对辛遭受的损害，机动车一方承担全部侵权损害赔偿责任。

②《民法典》第1191条第一款规定："用人单位的工作人员因执行工作任务造成他人损害的，由用人单位承担侵权责任。用人单位承担侵权责任后，可以向有故意或者重大过失的工作人员追偿。"根据通说，认定用人单位的工作人员是否属于"因执行工作任务致人损害"时，应采"客观判断标准"，即从"一个客观观察者的视角"，考虑到加害时的客观外在事实，根据该工作人员的行为外观，足以认为该行为与执行职务具有内在关联，即应认定该行为系执行工作任务。本题中，庚虽系"偷开上路"，但依此客观判断标准，应认定庚属于"因执行工作任务"致人损害构成侵权，根据《民法典》第1191条第一款的规定，应当由用人单位己公司承担无过错的替代责任，庚不是对外承担侵权责任的主体，庚不对外承担责任。己公司对外承担替代责任后，有权对有重大过失的庚追偿。

③《民法典》第1193条规定："承揽人在完成工作过程中造成第三人损害或者自己损害的，定作人不承担侵权责任。但是，定作人对定作、指示或者选任有过错的，应当承担相应的责任。"据此，戊与己公司因修车成立承揽合同，承揽期间，承揽人己公司因道路交通事故致辛人身损害构成侵权，但是，定作人戊对定作、指示或者选任均无过错，对该机动车道路交通事故侵权责任，定作人戊不承担责任。

学有所记：

学有所悟：

学有所记：

【采点得分答案】①辛有权请求己公司承担无过错的侵权损害赔偿责任。②庚偷开上路，该行为虽然超出单位授权指示的范围，但其表现形式是执行工作任务，庚属于因执行工作任务致人损害构成侵权，根据《民法典》第1191条第一款的规定，应当由用人单位己公司承担无过错替代责任，庚不对外承担责任，己公司对外承担责任后，有权向有重大过失的庚追偿。③承揽期间，承揽人己公司致人损害构成侵权，定作人戊对定作、指示或者选任均无过错，戊不承担侵权责任。

7. 丙公司与乙之间的财产诉讼管辖应如何确定？法院受理丙公司破产申请后，乙能否就其债权对丙公司另行起诉并按照民事诉讼程序申请执行？

【个人作答】

学有所悟：

【考点】企业破产程序

【官方参考答案】丙公司与乙之间的财产诉讼应该由破产案件受理的人民法院管辖。法院受理丙公司破产申请后，乙应当申报债权，如果对于债权有争议，可以向受理破产申请的人民法院提起诉讼，但不能按照民事诉讼程序申请执行。

【解析】①《企业破产法》第3条规定："破产案件由债务人住所地人民法院管辖。"《企业破产法》第21条规定："人民法院受理破产申请后，有关债务人的民事诉讼，只能向受理破产申请的人民法院提起。"据此，人民法院受理债务人破产的案件后，债权人只能通过参与破产程序的方式行使债权，而不能在破产程序之外，另行提起民事诉讼。

②《企业破产法》第 44 条规定："人民法院受理破产申请时对债务人享有债权的债权人，依照本法规定的程序行使权利。"《企业破产法》第 48 条第一款规定："债权人应当在人民法院确定的债权申报期限内向管理人申报债权。"《企业破产法》第 113 条第一款规定："破产财产在优先清偿破产费用和共益债务后，依照下列顺序清偿：（一）破产人所欠职工的工资和医疗、伤残补助、抚恤费用，所欠的应当划入职工个人账户的基本养老保险、基本医疗保险费用，以及法律、行政法规规定应当支付给职工的补偿金；（二）破产人欠缴的除前项规定以外的社会保险费用和破产人所欠税款；（三）普通破产债权。"《企业破产法》第 113 条第二款规定："破产财产不足以清偿同一顺序的清偿要求的，按照比例分配。"债权人参与破产程序的方式为"申报破产债权"；债权人获得清偿的方式为，同一顺序的债权按债权比例就破产财产"平等受偿"（享有优先受偿权、别除权的债权除外）。

【采点得分答案】略。

## 二、2017 年民法主观题

### 案例分析题（本题 22 分）

案情：【1】2016 年 1 月 10 日，自然人甲为创业需要，与自然人乙订立借款合同，约定甲向乙借款 100 万元，借款期限 1 年，借款当日交付。2016 年 1 月 12 日，双方就甲自有的 M 商品房又订立了一份商品房买卖合同，其中约定：如甲按期偿还对乙的 100 万元借款，则本合同不履行；

学有所记：

学有所悟：

学有所记：

如甲到期未能偿还对乙的借款，则该借款变成购房款，甲应向乙转移该房屋所有权；合同订立后，该房屋仍由甲占有使用。

【2】2016年1月15日，甲用该笔借款设立了S个人独资企业。为扩大经营规模，S企业向丙借款200万元，借款期限1年，丁为此提供保证担保，未约定保证方式；戊以一辆高级轿车为质押并交付，但后经戊要求，丙让戊取回使用，戊又私自将该车以市价卖给不知情的己，并办理了过户登记。

【3】2016年2月10日，甲因资金需求，瞒着乙将M房屋出卖给了庚，并告知庚其已与乙订立房屋买卖合同一事。2016年3月10日，庚支付了全部房款并办理完变更登记，但因庚自3月12日出国访学，为期4个月，双方约定庚回国后交付房屋。

学有所悟：

【4】2016年3月15日，甲未经庚同意将M房屋出租给知悉其卖房给庚一事的辛，租期2个月，月租金5000元。2016年5月16日，甲从辛处收回房屋的当日，因雷电引发火灾，房屋严重毁损。根据甲卖房前与某保险公司订立的保险合同（甲为被保险人），某保险公司应支付房屋火灾保险金5万元。2016年7月13日，庚回国，甲将房屋交付给了庚。

【5】2017年1月16日，甲未能按期偿还对乙的100万元借款，S企业也未能按期偿还对丙的200万元借款，现乙和丙均向甲催要。

问题：

1. 就甲对乙的100万元借款，如乙未起诉甲履行借款合同，而是起诉甲履行买卖合同，应如何处理？请给出理由。

【个人作答】______________________________

【考点】后让与担保

【官方参考答案】答案（一）：本案应按照民间借贷法律关系作出认定和处理。理由是：根据民间借贷司法解释第24条第1款，当事人以签订买卖合同作为民间借贷合同的担保，借款到期后借款人不能还款，出借人请求履行买卖合同的，人民法院应当按照民间借贷法律关系审理，并向当事人释明变更诉讼请求；当事人拒绝变更的，人民法院裁定驳回起诉。民间借贷司法解释第24条第2款，根据按照民间借贷法律关系审理作出的判决生效后，借款人不履行生效判决确定的金钱债务，出借人可以申请拍卖买卖合同标的物，以偿还债务；就拍卖所得的价款与应偿还借款本息之间的差额，借款人或者出借人有权主张返还或补偿。答案（二）：应当按照抵押合同处理。根据民法总则第146条第1款“行为人与相对人以虚假的意思表示实施的民事法律行为无效”，认定买卖合同无效；进而，又根据民法总则第146条第2款“以虚假的意思表示隐藏的民事法律行为的效力，按照有关法律规定处理”，认定隐藏的行为为抵押合同，应当按照抵押合同处理。

【解析】①《民法典担保制度解释》第68条第一款规定：“债务人或者第三人与债权人约定将财产形式上转移至

学有所记：

学有所悟：

学有所记：

学有所悟：

债权人名下，债务人不履行到期债务，债权人有权对财产折价或者以拍卖、变卖该财产所得价款偿还债务的，人民法院应当认定该约定有效。当事人已经完成财产权利变动的公示，债务人不履行到期债务，债权人请求参照民法典关于担保物权的有关规定就该财产优先受偿的，人民法院应予支持。”《民法典担保制度解释》第68条第二款规定：“债务人或者第三人与债权人约定将财产形式上转移至债权人名下，债务人不履行到期债务，财产归债权人所有的，人民法院应当认定该约定无效，但是不影响当事人有关提供担保的意思表示的效力。当事人已经完成财产权利变动的公示，债务人不履行到期债务，债权人请求对该财产享有所有权的，人民法院不予支持；债权人请求参照民法典关于担保物权的规定对财产折价或者以拍卖、变卖该财产所得的价款优先受偿的，人民法院应予支持；债务人履行债务后请求返还财产，或者请求对财产折价或者以拍卖、变卖所得的价款清偿债务的，人民法院应予支持。”这是关于“让与担保”的规定，让与担保，系一种非典型担保。

②甲、乙约定，甲以将其M房屋出卖给乙的方式，担保甲对乙100万元借款债务的履行，甲尚未给乙办理过户登记。甲、乙还约定，若甲到期清偿了对乙的借款债务，M房屋买卖合同不再履行；若甲到期不履行借款债务，甲为乙办理M房屋的过户登记，由乙终局确定取得M房屋的所有权，以抵偿甲对乙的借款债务。甲、乙约定的担保属于“让与担保”，因甲尚未依法定方式完成移转M房屋所有权的公示（未办理过户登记），因此又属于“后让与担保”。根据《民法典担保制度解释》第68条的规定，因未完成财产权变动的公示，不发生物权效力，乙对M房屋不享有“（让与担保型的）担保物权”，乙对M房屋“不享有优先受偿权”；但是，根据区分原则，不影响甲、乙间“让

与担保合同”的效力，甲、乙间的让与担保合同已经成立并生效。

③《民间借贷规定》第23条第一款规定：“当事人以订立买卖合同作为民间借贷合同的担保，借款到期后借款人不能还款，出借人请求履行买卖合同的，人民法院应当按照民间借贷法律关系审理。当事人根据法庭审理情况变更诉讼请求的，人民法院应当准许。”《民间借贷规定》第23条第二款规定：“按照民间借贷法律关系审理作出的判决生效后，借款人不履行生效判决确定的金钱债务，出借人可以申请拍卖买卖合同标的物，以偿还债务。就拍卖所得的价款与应偿还借款本息之间的差额，借款人或者出借人有权主张返还或者补偿。”这是关于“后让与担保”的规定，后让与担保，仅产生债的担保效力，尚未产生物权的担保效力。

④就甲以其M房屋订立买卖合同为乙设立的“后让与担保”，因其并非独立于借款合同之外的一个独立的买卖合同，而是一个执行担保功能的协议（穿了一件买卖合同衣衫的担保者），具有从属性，应当维持该房屋买卖合同作为担保协议所具有的从属性。（a）因此，若甲未对乙履行到期借款债务，乙应当依照借款合同对甲起诉，而不能依照买卖合同对甲起诉。（b）乙依照借款合同对甲起诉获得胜诉生效判决后，甲仍不履行借款合同义务的，乙有权申请法院拍卖M房屋，并以拍卖M房屋所得价款清偿甲对乙的借款债务，并多退少补，但乙对拍卖M房屋所得价款并不享有优先受偿权，不享有优先于甲的普通债权人优先受偿的权利。

⑤题外话：以“订立买卖合同的方式担保借款债务的履行”，该约定应如何定性？（a）曾经有一度（大约是2013年前后），最高人民法院认可的裁判规则采用“双方

学有所记：

学有所悟：

学有所记：

学有所悟：

虚假行为”与“隐藏行为”的认定路径，即买卖合同属于双方虚假行为，（根据《民法典》第146条第一款的规定）无效；担保合同属于隐藏行为，（根据《民法典》第146条第二款）成立并生效。（b）通说观点采“担保信托行为”理论，认定让与担保之约定直接在当事人之间成立“让与担保合同”，不再采“双方虚假行为”与“隐藏行为”的认定路径。通说观点更符合民法理论。因为，所谓“双方虚假行为”，其特征是，双方当事人合意的内容是“该意思表示在当事人之间不发生任何民法上的效果”；而作为信托行为的“让与担保合同”，其特征是，双方当事人合意的内容是“该意思表示（约定）在当事人之间发生民法上的担保效果”，只是将意思表示外在的作成了“买卖合同”或者“已经向债权人移转了担保物的财产权”。像这样，法律效果（移转物的所有权）超出经济目的（仅提供担保）的法律行为，在民法理论上，称为“信托行为”，用于担保的，称为“担保信托行为”。

**【采点得分答案】** ①甲以将M房屋出卖给乙的方式担保甲对乙的借款债务，双方的该约定属于让与担保。根据《民法典担保制度解释》第68条的规定，因甲尚未将M房屋为乙办理过户登记，不发生物权效力，乙对M房屋不享有“让与担保型的担保物权”，但甲、乙间的“让与担保合同”有效，成立后让与担保，能发生债的担保效力。②根据《民间借贷规定》第23条第一款的规定，甲对乙不履行到期借款债务时，若乙以房屋买卖合同对甲起诉，法院应向乙释明变更为依借款合同起诉，乙拒绝变更的，应当裁定驳回起诉。③根据《民间借贷规定》第23条第二款的规定，乙依照借款合同对甲起诉获得胜诉生效判决后，甲仍不对乙履行到期还款义务的，乙有权申请法院拍卖、变卖M房屋，并有权以变卖所得价款清偿借款债务，同时须清算（多退少补），但乙对变卖所得价款不享有优先受偿权。

2. 就S企业对丙的200万元借款，甲、丁、戊各应承担何种责任？为什么？

**【个人作答】** ______________________________

______________________________________________

______________________________________________

______________________________________________

______________________________________________

**【考点】** 非法人组织；保证（保证方式）；动产质权的消灭

**【官方参考答案】** 甲仅于S企业财产不足以清偿债务时以个人其他财产予以清偿；根据个人独资企业法第31条的规定，“个人独资企业财产不足以清偿债务的，投资人应当以其个人的其他财产予以清偿”。丁应承担连带保证责任；根据担保法第19条的规定，未约定保证责任形式的按照连带责任保证承担责任（按：《民法典》实施后，应为“一般保证责任”）。戊不承担责任，其质权因丧失占有而消灭。

**【解析】** ①《民法典》第102条第二款规定：“非法人组织包括个人独资企业、合伙企业、不具有法人资格的专业服务机构等。”《民法典》第104条规定：“非法人组织的财产不足以清偿债务的，其出资人或者设立人承担无限责任。法律另有规定的，依照其规定。”《个人独资企业法》第31条规定：“个人独资企业财产不足以清偿债务的，投资人应当以其个人的其他财产予以清偿。”据此，S个人独资企业对丙负担的200万元借款债务到期后，先以S企业的财产清偿，S企业的财产不足以清偿的，出资人甲对剩余部分承担无限清偿责任。

学有所记：

学有所悟：

学有所记：

学有所悟：

②《民法典》第686条第二款规定："当事人在保证合同中对保证方式没有约定或者约定不明确的，按照一般保证承担保证责任。"据此，因未约定保证方式，保证人丁的保证方式为一般保证，丁享有先诉抗辩权，在丙对S企业强制执行完毕无效果之前，丁可行使先诉抗辩权，拒绝承担保证责任。

③戊以汽车为丙设立动产质权，双方质押合同有效，戊有出质的处分权，已经完成了出质汽车的现实交付，根据《民法典》第429条的规定，丙对汽车的质权已经设立。不过，丙对戊汽车的质权，作为"占有质"，其设立与存续，均以债权人丙占有质押的动产为前提。因此，根据民法理论，质权人丙"自愿"将质押的汽车返还给出质人戊时，丙对汽车的质权消灭。因此，S企业对丙负担的200万元借款债务到期时，戊不承担质押担保责任。

**【采点得分答案】**（本答案忽略《民法典》的溯及力问题）。S企业未能按期对丙偿还的200万元借款，先以S企业的财产清偿，S企业的财产不足以清偿的部分：①根据《民法典》第104条的规定，由出资人甲承担无限清偿责任；②因未约定保证方式，根据《民法典》第686条第二款的规定，保证人丁承担一般保证责任；③丙对戊的汽车质权设立后，质权人丙将质押的动产返还给出质人戊后，根据民法通说，丙对戊汽车的质权因此消灭。因此，戊不承担质押担保责任。

3. 甲、庚的房屋买卖合同是否有效？庚是否已取得房屋所有权？为什么？

**【个人作答】**

学有所记：

学有所悟：

**【考点】**基于法律行为的不动产物权变动；多重买卖合同的效力

**【官方参考答案】**合同有效，庚知情并不影响合同效力。庚已取得所有权，甲系有权处分，庚因登记取得所有权。

**【解析】**①就M房屋这同一房屋，甲先以其为标的物与乙订立“后让与担保合同”（内容十分接近房屋买卖），在向乙移转所有权之前，甲又将其出卖给庚，并且，甲订立两个合同时均有处分权，因此，甲、乙间和甲、庚间的M房屋买卖合同属于“房屋的多重买卖”。

②根据通说观点［参照已被废止的《合同法解释（二）》第15条规定的裁判思路］“多重买卖的事实”，不影响多重买卖中的每一个买卖合同的效力，因此，甲、庚的房屋买卖合同“不因多重买卖而具有效力瑕疵”，甲、庚间的房屋买卖合同无其他效力瑕疵，该房屋买卖合同已经成立并生效。

③《民法典》第209条第一款规定：“不动产物权的设立、变更、转让和消灭，经依法登记，发生效力；未经登记，不发生效力，但是法律另有规定的除外。”据此，甲、庚的房屋买卖合同有效，甲拥有出卖给庚的处分权，已经为庚办理完毕房屋的过户登记，根据《民法典》第209条第一款的规定，符合基于法律行为的不动产物权变动规则，庚已经取得M房屋的所有权。

**【采点得分答案】**甲、庚的房屋买卖合同有效，庚已经取得房屋的所有权。理由在于：①甲将M房屋出卖给乙后，在给乙办理过户登记之前，甲又将M房屋出卖给庚，属于房屋的多重买卖，根据民法通说观点，多重买卖的事

学有所记：

实，不影响甲、庚之间房屋买卖合同的效力。②甲、庚间的房屋买卖合同有效，甲享有相应的处分权，已经为庚办理完毕房屋所有权的过户登记，根据《民法典》第209条第一款的规定，能够发生基于法律行为的不动产物权变动效果，自为庚办理过户登记时，庚取得房屋的所有权。

4. 谁有权收取M房屋2个月的租金？为什么？

【个人作答】

【考点】孳息的归属

【官方参考答案】甲有权收取。甲为有权占有，租赁合同有效，甲可收取房屋法定孳息。

学有所悟：

【解析】①甲将M房屋出租给辛时，房屋的所有权归庚享有，未经庚同意，甲擅自将M房屋出租给辛，甲、辛间的房屋租赁合同属于因甲擅自出租他人之物订立的租赁合同。《民法典》第723条第一款规定："因第三人主张权利，致使承租人不能对租赁物使用、收益的，承租人可以请求减少租金或者不支付租金。"据此，擅自出租的事实，不影响租赁合同的效力，甲、辛间的M房屋租赁合同有效，甲享有请求辛支付租金的合同债权。

②《民法典》第321条第二款规定："法定孳息，当事人有约定的，按照约定取得；没有约定或者约定不明确的，按照交易习惯取得。"《民法典》第630条规定："标的物在交付之前产生的孳息，归出卖人所有；交付之后产生的孳息，归买受人所有。但是，当事人另有约定的除外。"这两个条文在适用上的关系是，《民法典》第321条第二款为

一般规范，《民法典》第630条为特别规范，二者不一致时，适用后者。出租M房屋所得租金，属于M房屋所生的“法定孳息”，甲虽为庚办理了房屋的过户登记，但甲尚未向庚交付房屋，根据《民法典》第630条的规定，作为法定孳息的租金应由出卖人甲取得所有权。

③题外话：很多人有这样的疑问：庚已经是房屋所有权人了，所有权是对所有物依法享有占有、使用、收益和处分的权利，既然所有权包含收益权能，作为收益之一种的法定孳息租金，为什么不由庚取得呢？解答此疑惑的钥匙是“所有权权能分离现象”。本题中，甲、庚间M房屋买卖合同履行过程中，就出现了所有权权能分离现象。甲原本是房屋的所有权人，甲将房屋出卖给庚后，已经为庚办理了过户登记（甲已经向庚移转了对房屋的处分权能），但尚未完成交付（甲尚未向庚移转对房屋的占有、使用、收益权能），相对于庚而言，甲仍为房屋的“有权占有人”。庚虽然有权依照有效的买卖合同请求甲履行交付房屋的义务（即履行移转对房屋占有、使用、收益权能的义务），但在交付之前，甲作为房屋的有权占有人（对房屋依法享有占有、使用、收益权能的人），对出租房屋所生租金，仍应由甲收取并取得所有权。

【采点得分答案】甲有权收取并保有M房屋2个月的租金。理由在于：①甲擅自将庚已经享有所有权的M房屋出租给辛，属于擅自出租他人之物，《民法典》第723条第一款规定，擅自出租的事实不影响租赁合同的效力，甲、辛间的房屋租赁合同有效，甲享有请求辛支付租金的合同债权。②甲将M房屋出卖给庚，虽已经为庚办理了过户登记，但甲尚未向庚交付房屋，即甲虽已经向庚移转了对房屋的处分权能，但甲尚未向庚移转对房屋的占有、使用和收益权能，根据《民法典》第630条的规定，甲出租M房

学有所记：

学有所悟：

学有所记：

屋2个月的租金，作为法定孳息，甲有权收取并终局保有。

5. 谁应承担M房屋火灾损失？为什么？

【个人作答】

【考点】买卖合同的风险负担

【官方参考答案】应由甲承担。根据合同法第142条的规定，除非当事人另有约定，标的物风险自交付时起转移。

【解析】①所谓“买卖合同的风险负担”，指买卖合同生效后，买卖合同因清偿而消灭之前，已经特定化的买卖标的物因不可归责于出卖人和买受人的原因毁损灭失的，由谁承担价金风险的问题。买卖合同的双方当事人可以约定风险负担的规则，没有约定的，适用法定的风险负担规则。

②《民法典》第604条第一款规定：“标的物毁损、灭失的风险，在标的物交付之前由出卖人承担，交付之后由买受人承担，但是法律另有规定或者当事人另有约定的除外。”本题中，雷击失火导致买卖的M房屋严重毁损，属于“买卖的标的物因不可归责于双方当事人的原因毁损灭失”，存在风险负担的问题。出卖人甲虽已经向买受人庚移转房屋所有权，但尚未向买受人庚完成房屋的交付，根据《民法典》第604条第一款的规定，应由出卖人甲负担价金风险。

学有所悟：

【采点得分答案】甲应当承担M房屋买卖合同的价金风险。理由在于：甲、庚间的M房屋买卖合同，甲虽已经为庚办理了房屋的过户登记，但甲尚未向庚交付出卖的房屋，M房屋因不可归责于双方的原因毁损灭失的，根据《民法典》第604条的规定，应由出卖人甲承担价金风险。

6. 谁有权享有 M 房屋火灾损失的保险金请求权？为什么？

【个人作答】

【考点】财产保险合同

【官方参考答案】庚享有请求权。根据保险法第 49 条第 1 款的规定，保险标的转让的，保险标的的受让人承继被保险人的权利和义务。

【解析】①《保险法》第 12 条第五款规定：“被保险人是指其财产或者人身受保险合同保障，享有保险金请求权的人。投保人可以为被保险人。”《保险法》第 18 条第三款规定：“受益人是指人身保险合同中由被保险人或者投保人指定的享有保险金请求权的人。投保人、被保险人可以为受益人。”据此，一般而言，只有投保人、被保险人和受益人享有保险金请求权。甲以 M 房屋为保险标的投保财产保险，甲既是投保人，也是被保险人。

②《保险法》第 49 条第一款规定：“保险标的转让的，保险标的的受让人承继被保险人的权利和义务。”据此，甲以 M 房屋为保险标的投保财产保险，成立财产保险合同后，因甲已将 M 房屋（保险标的）的所有权移转给庚，庚承继甲基于财产保险合同享有的权利与负担的义务，保险事故发生时，庚（而非甲）享有 M 房屋火灾损失的保险金请求权。

③题外话：“不识庐山真面目，只缘身在此山中。”本题第 6 问关于保险法的考点，须与另一个有关买卖合同风险负担的知识点结合在一起，才能获得整体上的把握和更

学有所记：

学有所悟：

学有所记：

为到位的认知。根据通说观点，在买卖合同中，负担风险的一方享有"代偿请求权"，因此，若以买卖标的物为标的物投保了财产意外毁损险，那么，负担风险的一方应最终享有保险金。如前所述，本题中，甲、庚间的M房屋买卖合同，由甲负担价金风险，甲因此享有"代偿请求权"，甲有权请求庚向自己让与对保险公司索赔的权利（最终保险金归甲）。

【采点得分答案】略。

## 三、2018年民法主观题（回忆版）

### 案例分析题（本题54分）

案情：【1】甲公司在H省A市获得土地使用权一宗，欲将其开发为旅游度假地产，与乙公司签订建筑工程施工合同，约定如果出现纠纷协商解决，协商不成的，任何一方均可向H省B市仲裁委员会申请裁决。

学有所悟：

【2】由于甲公司在约定期限内未支付乙公司工程进度款8000万元，多次催促无果后，在第三人的协调下双方达成协议：协议之前的工程进度款8000万元加利息500万元算作甲公司向乙公司的借款，乙公司同意配合甲公司以正在建设的未完工程向银行抵押贷款2亿元，获得贷款后先支付乙公司8500万元欠款中的5000万元，剩余的1.5亿元贷款存入双方的共管账户。同时约定，甲公司的印章须由乙公司代管，甲公司需要印章时，须经乙公司同意。

【3】之后，乙公司未与甲公司协商，自己草拟了一份补充协议，其中写明甲公司对乙公司的欠款总额，并将仲

裁机关改为G省C市仲裁委，之后加盖了乙公司和甲公司的公章。在此后的建筑施工中乙公司购买建筑材料时，为了冲抵甲公司的借款，有时直接以甲公司的名义并加盖其公章与材料供应商签订合同。

【4】为更有效地销售商品房，甲公司委托丙公司代为销售所建筑的房屋，乙公司同意。甲公司与丙公司签订了委托合同，加盖了甲公司的公章。此时，丙公司已经通过程序更换了法定代表人，但尚未变更工商登记，签订合同的法定代表人崔某是新更换的法定代表人（甲、乙公司共同派律师进行查询，查明了崔某上述真实身份）。合同上仅由崔某签字，未盖丙公司公章。

【5】签约后，崔某派人在楼盘所在地搭建了销售部，取得预售许可证后开始销售房屋。销售过程中，甲公司觉得丙公司销售不力，遂书面通知解除委托合同。丙公司不服，提起诉讼请求确认合同解除的效力。一审判决丙公司败诉，丙公司不服一审判决，提起上诉，上诉状变更了诉讼请求，请求判决合同无效，要求甲公司赔偿实际支出。

【6】乙公司未经甲公司同意私自用其名义和公章与建筑材料供应商签订合同的问题，终被甲公司发现，遂提出进行对账，提出应将乙公司以甲公司名义签订的合同算作甲公司对乙公司的还款，但双方因对账数额相差太大而再次发生争议，于是，乙公司向G省C市仲裁委提起仲裁。甲公司提出管辖异议，提出自己从未与乙公司签订过补充协议、变更过仲裁管辖，但承认公章是真实的。G省C市仲裁委认为协议有效，于是作出裁决，裁决甲公司尚欠乙公司500万元，双方继续履行合同。甲公司准备向法院提

学有所记：

学有所悟：

学有所记：

出撤销该仲裁裁决。

【7】继续施工中，甲公司存入共管账户的贷款很快用完，再次拖延支付乙公司工程进度款长达2个月。无奈，甲公司通过民间借贷的方式筹集资金，一方面与出借人签订借款合同，另一方面与其签订房屋买卖合同。在借贷合同中约定，如果甲公司不能按期偿还借款，就按照房屋买卖合同交付房屋。即使如此，甲公司筹集的资金仍然不足以支付工程进度款，乙公司随停工表示抗议。甲公司原计划迅速完工，可以快速筹集资金以支付欠款，但乙公司停工使得计划落空，于是，甲公司提出解除合同，另行与其他建筑企业签订施工合同。

【8】以上纠纷使得甲公司资金状况出现严重危机，有的债权人要求甲公司按照合同约定偿还借款，有的提出交付房屋，有的到昌盛法院申请甲公司破产清算，昌盛法院裁定受理破产申请，丁公司是原来乙公司以甲公司名义签订材料供应合同的供应商，本已发货，得到破产清算的消息后，丁公司立刻让货运汽车返回；乙公司向管理人申报债权的时候，部分债权被管理人拒绝，乙公司无奈，准备先行诉请确认这些债权，但只想确认债权本金，利息另行确认。

学有所悟：

**问题：**

1. 乙公司草拟补充协议并加盖甲公司公章的行为是否属于表见代理？如果甲公司能够证明补充协议是乙公司私自起草并加盖公章，G省C市仲裁委的仲裁裁决效力如何？为什么？

**【个人作答】**______________________________

______________________________

学有所记：

学有所悟：

【考点】自己代理；表见代理；仲裁协议

【采点得分答案】①乙公司草拟补充协议并加盖甲公司公章的行为不属于表见代理。因为，乙公司虽擅自以被代理人甲公司的名义实施了无权代理行为，但乙公司是以甲的名义与代理人乙公司自己订立合同，属于自己代理，不存在与被代理人甲公司交易的善意相对人，不构成表见代理。②根据《民法典》第 168 条第一款的规定，即使乙享有代理权，自己代理，也属于"滥用代理权的行为"，非经被代理人甲事先同意或者事后追认，自己代理订立的合同对被代理人甲不发生效力（不能归属于甲承受）。何况乙本来就不享有代理权，又实施自己代理行为，具有"双重效力瑕疵"，甲事后拒绝追认，该补充协议对甲公司无效。

【解析】①根据《民法典》第 172 条的规定，成立表见代理的要件有四：(a) 代理人无代理权擅自以被代理人的名义与相对人实施法律行为；(b) 客观上存在使相对人有理由相信代理人拥有代理权的客观事实（有权利外观）；(c) 相对人善意且无过失；(d) 权利外观的形成可归责于被代理人。

②乙公司草拟补充协议并加盖甲公司公章的行为，其特点在于，未经被代理人甲公司授权，不享有委托代理权的乙公司，擅自以被代理人甲公司的名义与代理人乙公司自己实施法律行为（订立补充协议），构成"自己代理"，不存在与被代理人甲公司交易的善意相对人，不成立表见代理。

③关于"自己代理"，《民法典》第 168 条第一款规定："代理人不得以被代理人的名义与自己实施民事法律行

学有所记：

为，但是被代理人同意或者追认的除外。”据此，即使代理人享有代理权，自己代理，也属于“滥用代理权的行为”，非经被代理人事先同意或者事后追认，自己代理实施的法律行为对被代理人不发生效力（不能归属于被代理人承受）。本题中，乙公司本来就不享有代理权，又实施自己代理行为，具有“双重效力瑕疵”，被代理人甲公司事后拒绝追认，该补充协议对甲公司无效。

2. 甲公司欲申请法院撤销G省C市仲裁委的裁决，应向哪个法院提出？为什么？

【个人作答】

学有所悟：

【考点】地域管辖；级别管辖

【采点得分答案】甲公司应当向G省C市中级人民法院申请撤销该仲裁裁决。因为，根据《仲裁法》第58条的规定，申请撤销仲裁裁决，应当向仲裁委员会所在地的中级人民法院提出申请。

【解析】略（考点为民诉）。

3. 甲公司与丙公司签订的委托合同是否有效？崔某在合同上签字的行为属于什么性质的行为？为什么？

【个人作答】

【考点】法定代表人；代表行为

【采点得分答案】①甲与丙的委托合同有效。②崔某在合同上签字的行为属于代表行为，且属于有权代表，该委托合同直接归属于丙公司承受。③理由在于，根据《民法典》第65条的规定，崔某自董事会（或股东会）决议生效时取得法定代表人资格，未办理工商变更登记，虽不能对抗善意第三人，但不影响崔某取得法定代表人资格，享有代表权。同时，由于委托合同已经明确载明当事人为丙公司和甲公司，即使未加盖丙公司公章，也足以表明崔某系以丙公司名义订立合同，根据《民法典》第61条第二款的规定，拥有代表权的崔某在合同上签名时，委托合同成立生效并直接归属于丙公司承受。

【解析】①《民法典》第65条规定："法人的实际情况与登记的事项不一致的，不得对抗善意相对人。"据此，自丙公司选举崔某担任法定代表人的决议（股东会决议或者董事会决议）生效时，崔某取得法定代表人资格；未办理法定代表人变更登记的，不影响崔某取得丙公司法定代表人资格；未办理变更登记的，不得对抗善意相对人。因此，崔某以丙公司的名义与甲公司订立委托合同时，崔某享有代表权，属于有权代表行为。

②《民法典》第61条第二款规定："法定代表人以法人名义从事的民事活动，其法律后果由法人承受。"据此，崔某作为丙公司的法定代表人，在代表权限范围内，以丙公司的名义与甲公司订立的委托合同，直接归属于丙公司承受（直接对丙公司生效）。

③《民法典》第490条第一款规定："当事人采用合同书形式订立合同的，自当事人均签名、盖章或者按指印时合同成立。在签名、盖章或者按指印之前，当事人一方已经履行主要义务，对方接受时，该合同成立。"崔某与甲公

学有所记：

学有所悟：

学有所记：

司订立委托合同时，在委托合同上加盖丙公司公章只有唯一的法律意义，即表明崔某不是以个人名义而是以丙公司名义订立合同，根据题目交代，委托合同已经载明当事人为丙公司与甲公司，即使未加盖丙公司公章，已足以表明崔某系以丙公司的名义订立合同。崔某在合同书上签名的法律意义在于，表明该合同是丙公司的法定代表人实施有权代表订立的合同，其法律效果直接归属于丙公司承受。同时，根据《民法典》第490条第一款的规定，崔某在合同书上签名、按指印或者加盖私章，具有同等法律效力。

4. 甲公司是否有权解除与丙公司的委托合同？如果能够解除，是否有赔偿责任？赔偿范围是什么？为什么？

【个人作答】________________________________

学有所悟：

【考点】合同解除、委托合同

【采点得分答案】①根据《民法典》第933条的规定，委托人甲公司享有任意解除权，甲公司有权随时解除与丙公司的委托合同。②甲公司行使任意解除权给丙公司造成损失的，甲公司应当对丙公司承担损害赔偿责任。由于该委托合同属于有偿合同，根据《民法典》第933条的规定，甲公司应对丙公司承担履行利益损害赔偿，即赔偿丙公司因此遭受的直接损失和可以获得的利益。

【解析】①《民法典》第933条规定："委托人或者受托人可以随时解除委托合同。因解除合同造成对方损失的，除不可归责于该当事人的事由外，无偿委托合同的解除方应当赔偿因解除时间不当造成的直接损失，有偿委托合同的解除方应当赔偿对方的直接损失和合同履行后可以获得的利益。”

②根据《民法典》第 933 条的规定，委托合同，双方当事人（委托人和受托人）均享有任意解除权。任意解除权是一种特殊法定解除权，有两个特点：第一，行使任意解除权不需要具体的理由；第二，行使任意解除权解除合同给对方造成损失的，应当承担赔偿责任。若为无偿委托合同，应赔偿因解除时间不当给对方因此遭受的直接损失；若为有偿委托合同，应赔偿对方因此遭受的直接损失和可得利益的损失。

③题目虽未作明确交代，但根据题意，甲公司与丙公司的委托合同为有偿委托合同，因此，甲公司行使任意解除权给丙公司造成损害的，甲公司应对丙公司承担履行利益损害赔偿，即赔偿丙公司因此遭受的直接损失和可以获得的利益。

5. 丙公司是否可以在上诉状中提出变更诉讼请求？为什么？

【个人作答】________________________________

________________________________________

________________________________________

________________________________________

________________________________________

【考点】二审终审；审级利益；二审审理的范围

【采点得分答案】丙公司不得在上诉状中变更诉讼请求。理由在于，若允许在上诉中变更诉讼请求，二审作出的判决即为终审判决，被上诉人就被变相剥夺了上诉权，被上诉人的审级利益就会遭受侵害。因此，二审的审理范围不应超过一审的范围，上诉人变更诉讼请求的，二审法

学有所记：

学有所悟：

学有所记：

院应不予准许、不予审理；必要时，可告知上诉人另行起诉。

【解析】略（考点为民诉）。

6. 在破产程序尚未开始时，若甲公司不能偿还民间借贷，出借人能否要求甲公司交付房屋？

【个人作答】

【考点】让与担保；后让与担保

【采点得分答案】若甲公司不能偿还民间借贷，出借人不得请求甲公司依照买卖合同的约定交付房屋。因为，对于以订立买卖合同担保借款债务履行，但尚未完成财产权移转公示的担保方式，成立后让与担保，在借款人到期不履行还本付息义务时，根据《民法典担保制度解释》第68条与《民间借贷规定》第23条的规定，不允许出借人以直接取得买卖标的物所有权的方式抵偿借款债务，只允许出借人以拍卖买卖标的物所得价款清偿借款债务，无优先受偿权，且须经清算。

【解析】①本题第6问的考点与2017年案例分析题第1问的考点相同。一方面体现出真题在备考中具有较高的价值。另一方面也折射出一年后出题人对这一考点在认识上的深化。如前所述，对让与担保合同的定性，2017年案例分析题第1问将答案设计成“开放型”，所采用的一种观点是将让与担保合同中的买卖合同定性为“双方虚假行为”，将背后隐藏的担保合意定性为作为“隐藏行为”的抵押合同。其实，这种观点不符合民法理论，当前，通说

学有所悟：

观点已经否弃了此种观点。已如前述，不再赘述。

②为担保甲公司履行借款债务，甲公司以将其房屋出卖给出借人的方式提供担保，该设立担保的约定属于“让与担保”，因担保成立时，甲公司尚未将出卖的房屋为出借人办理过户登记，因此属于“后让与担保”，即以订立买卖合同的方式担保借款债务的履行。根据《民法典担保制度解释》第68条的规定，虽未完成担保物财产权移转的公示，不发生让与担保型担保物权设立的效果，但“让与担保合同”已经成立并生效。甲公司到期不履行还款义务时，如何实现该担保，担保效力如何，规定在《民间借贷规定》第23条。

③《民间借贷规定》第23条第一款规定：“当事人以订立买卖合同作为民间借贷合同的担保，借款到期后借款人不能还款，出借人请求履行买卖合同的，人民法院应当按照民间借贷法律关系审理。当事人根据法庭审理情况变更诉讼请求的，人民法院应当准许。”《民间借贷规定》第23条第二款规定：“按照民间借贷法律关系审理作出的判决生效后，借款人不履行生效判决确定的金钱债务，出借人可以申请拍卖买卖合同标的物，以偿还债务。就拍卖所得的价款与应偿还借款本息之间的差额，借款人或者出借人有权主张返还或者补偿。”

④根据《民间借贷规定》第23条的规定，甲公司到期不履行还款义务时，出借人不得请求履行买卖合同，而只能依照借款合同对甲公司起诉；其次，出借人依照借款合同起诉并获得胜诉生效判决后，甲公司仍不履行还款义务的，出借人可申请法院拍卖买卖合同约定出卖的标的物，并以拍卖所得价款清偿甲公司的还本付息义务，但须经清算，并且出借人对拍卖所得价款不享有优先受偿权。

学有所记：

学有所悟：

学有所记：

学有所悟：

7. 能否将甲公司与民间借贷出借人的房屋买卖合同看成是物权担保？为什么？

【个人作答】

【考点】让与担保；后让与担保

【采点得分答案】①不能将甲公司与出借人的房屋买卖合同看成是物权担保。②尽管《民法典担保制度解释》第68条采“物权法定缓和主义”，认为我国习惯法承认让与担保属于非典型担保物权，甲与债权人约定让与担保不违反物权法定，能够设立具有担保物权属性的让与担保。但是，根据《民法典担保制度解释》第68条的规定，须甲已经为出借人办理了房屋的过户登记，才能认定出借人享有“（让与担保型）担保物权”，甲办理过户登记之前，出借人尚不享有“（让与担保型）担保物权”，仅基于有效的让与担保合同享有“债权性质的担保”。

【解析】①《民法典》第116条规定：“物权的种类和内容，由法律规定。”该条规定了“物权法定原则”。据此，当事人的约定违反物权法定的，不发生物权效力。与此同时，对让与担保，《九民纪要》第71条与《民法典担保制度解释》第68条采“物权法定缓和主义”，认为《民法典》第116条所规定的“法律”，不仅包括“全国人大及其常委会制定的法律”，还包括“习惯法”。在我国长期民间借贷实践中，已经形成了承认让与担保属于非典型担保担保物权的习惯法，因此，让与担保合同不违反物权法定，可以发生物权效力。

②根据《民法典担保制度解释》第68条的规定，通过

让与担保合同设立"（让与担保型）担保物权"，其要件有三：（a）让与担保合同有效；（b）担保人拥有处分权；（c）已经依法定方式完成移转财产权的公示，即动产已经交付债权人，不动产已经为债权人办理过户登记，股权已经为债权人办理工商过户登记等。

③本题中，甲公司尚未将房屋为债权人（出借人）办理过户登记，未发生物权效力，（让与担保型）担保物权尚未设立，出借人（债权人）对甲公司的该房屋不享有物权性质的担保。但该让与担保合同已经成立并生效，基于该生效的让与担保合同，出借人（债权人）享有债权性质的担保，具体的担保效力，适用《民间借贷规定》第23条。

8. 甲公司是否有权解除与乙公司的建筑施工合同？为什么？

【个人作答】______________________________

______________________________

______________________________

______________________________

______________________________

【考点】建设工程施工合同；同时履行抗辩权；法定解除

【采点得分答案】甲公司无权解除与乙公司之间的建设工程施工合同。因为，在甲公司不对乙公司履行支付到期工程价款时，乙公司享有同时履行抗辩权，基于其效力，乙公司暂停施工（停工）不属于迟延履行，不构成违约，根据《民法典》第563条的规定，甲公司不享有解除权。

【解析】①《民法典》第525条规定："当事人互负债务，没有先后履行顺序的，应当同时履行。一方在对方履行之前有权拒绝其履行请求。一方在对方履行债务不符合

学有所记：

学有所悟：

学有所记：

学有所悟：

约定时，有权拒绝其相应的履行请求。”在甲公司、乙公司的建设施工合同中，甲公司对乙公司支付到期工程款的义务与乙公司按照约定施工的义务属于双务合同的对待给付义务，若甲公司不对乙公司履行支付到期工程款的义务，乙公司即享有同时履行抗辩权，若乙公司基于同时履行抗辩权不履行到期的施工义务（即停工），则不属于迟延履行，不属于违约行为，此为同时履行抗辩权所具有的存在效力的一个方面。

②《民法典》第803条规定：“发包人未按照约定的时间和要求提供原材料、设备、场地、资金、技术资料的，承包人可以顺延工程日期，并有权请求赔偿停工、窝工等损失。”《民法典》第804条规定：“因发包人的原因致使工程中途停建、缓建的，发包人应当采取措施弥补或者减少损失，赔偿承包人因此造成的停工、窝工、倒运、机械设备调迁、材料和构件积压等损失和实际费用。”这两个条文，其内容也包含“发包人甲公司不支付到期工程款时，施工人乙公司享有同时履行抗辩权”的内容。据此，若甲公司不对乙公司履行支付到期工程款的义务时，乙公司有权行使同时履行抗辩权，暂停施工，并有权主张相应顺延工程日期。

③综上，在甲公司不对乙公司履行支付到期工程价款义务时，乙公司有权暂停履行施工的合同义务，不属于迟延履行，不构成违约，根据《民法典》第563条第一款的规定，甲公司不享有法定解除权。

9. 丁公司的做法是否有法律依据？

【个人作答】

【考点】破产；出卖人的取回权

【采点得分答案】丁公司让承运人将出卖的货物运回的做法，是行使出卖人的取回权，具有法律上的依据，依据是《企业破产法》第 39 条。《企业破产法》第 39 条规定："人民法院受理破产申请时，出卖人已将买卖标的物向作为买受人的债务人发运，债务人尚未收到且未付清全部价款的，出卖人可以取回在运途中的标的物。但是，管理人可以支付全部价款，请求出卖人交付标的物。"

【解析】略（考点为商经）。

10. 破产程序开始后，昌盛法院所受理与破产财产有关的案件，能否向其他法院移送管辖？为什么？

【个人作答】

【考点】地域管辖；涉及破产债务人民事案件的管辖

【采点得分答案】破产程序开始后，昌盛法院所受理与破产财产有关的案件，不能向其他法院移送管辖，因为，根据《企业破产法》第 21 条的规定，昌盛法院受理债务人甲公司破产的案件后，涉及债务人甲公司的民事诉讼由昌盛法院集中管辖。《企业破产法》第 21 条规定："人民法院受理破产申请后，有关债务人的民事诉讼，只能向受理破产申请的人民法院提起。"

【解析】略（考点为商经与民诉）。

学有所记：

学有所悟：

学有所记：

学有所悟：

11. 有仲裁协议的当事人一方破产时，双方有财产争议的，应由法院管辖还是仲裁管辖？

【个人作答】

【考点】仲裁与破产程序的关系

【采点得分答案】此时，应当依据仲裁协议申请仲裁。因为，仲裁协议一方当事人破产时，不影响仲裁协议的效力，仲裁协议具有独立性。

【解析】略（考点为民诉）。

12. 乙公司对甲公司的工程房屋是否有优先权？为什么？优先权的范围是什么？

【个人作答】

【考点】承包人工程价款优先受偿权

【采点得分答案】①乙公司对甲公司的工程房屋享有优先受偿权，因为发包人甲公司不对承包人乙公司履行支付到期工程款的义务，且经催告后经过合理期间仍未履行，根据《民法典》第807条的规定，乙公司有权对在建工程行使优先受偿权。②甲公司虽被宣告破产，但优先受偿权具有优先于在建工程抵押权的效力，甲公司破产后，乙公司仍可行使别除权，对在建工程行使优先受偿权。③根据《建设工程施工合同解释（一）》第40条的规定，乙公司行使优先受偿权的范围仅限于乙公司对甲公司享有的工程价款债权本金，不包括因甲公司迟延履行给乙公司造成的迟延利息、违约金、损害赔偿金等。

【解析】①《民法典》第 807 条规定："发包人未按照约定支付价款的，承包人可以催告发包人在合理期限内支付价款。发包人逾期不支付的，除根据建设工程的性质不宜折价、拍卖外，承包人可以与发包人协议将该工程折价，也可以请求人民法院将该工程依法拍卖。建设工程的价款就该工程折价或者拍卖的价款优先受偿。"据此，甲公司不对乙公司履行支付到期工程价款的义务，且经催告后经过合理期限仍不履行，且在建工程（为旅游度假项目）适宜折价、拍卖，根据《民法典》第 807 条的规定，乙公司对在建工程享有优先受偿权。

②《建设工程施工合同解释（一）》第 36 条规定："承包人根据民法典第八百零七条规定享有的建设工程价款优先受偿权优于抵押权和其他债权。"据此，在效力上，乙公司对在建工程的优先受偿权，优先于在建工程的抵押权人，虽然甲公司已经被宣告破产，乙公司可基于优先受偿权对在建工程主张别除权，即该优先受偿权之行使不因债务人甲公司破产而受影响。

③《建设工程施工合同解释（一）》第 40 条第一款规定："承包人建设工程价款优先受偿的范围依照国务院有关行政主管部门关于建设工程价款范围的规定确定。"《建设工程施工合同解释（一）》第 40 条第二款规定："承包人就逾期支付建设工程价款的利息、违约金、损害赔偿金等主张优先受偿的，人民法院不予支持。"据此，乙公司行使对在建工程优先受偿权的范围（换言之，受该优先受偿权担保的债权范围）限于乙公司对甲公司享有的到期工程价款请求权，不包括因甲公司逾期支付给乙公司造成的损失

学有所记：

学有所悟：

学有所记：

（迟延利息、违约损害赔偿金等）。

13. 若乙公司将本金和利息分两次提起诉讼，是否属于重复起诉？

【个人作答】

【考点】一事不再理；重复起诉

【采点得分答案】不属于重复起诉。根据《民诉解释》第247条的规定，后诉构成重复起诉，需要符合三个条件：第一，后诉与前诉的当事人相同；第二，后诉与前诉的诉讼标的相同；第三，后诉与前诉的诉讼请求相同。乙公司将本金和利息分两次起诉，虽前诉与后诉的当事人相同，诉讼标的相同，但诉讼请求不同，因此不构成重复起诉。

学有所悟：

【解析】略（考点为民诉）。

## 四、2019年民法主观题（回忆版）

**案例分析题（本题52分）（第1问至第6问考查民法；第7问至第10问考查民诉）**

案情：【1】甲公司向乙公司借款8000万元，借款期限未到，双方签订“以物抵债”协议，约定将甲公司的办公楼过户给乙公司，以抵偿8000万元债务，但尚未办理过户登记。甲公司的债权人丙公司认为，办公楼应值1.2亿元，该抵债价格过低，遂向法院提起诉讼，要求撤销该协议。乙公司认为，甲公司还有大量财产可以偿还丙公司债务，丙公司主张撤销的理由并不成立。

【2】其后，甲公司又向丁公司借款，这时公司财产已经全部抵押或者出质。无奈，甲公司股东A在未与妻子商量的情况下，向丁公司作了保证。丁公司认为，这种保证尚无法保障甲公司履行义务，甲公司于是又将一张以自己为收款人的汇票出质，并在票据上背书“出质”后，交付给丁公司。但出票人在该汇票上记载有“不得转让”的字样。

【3】为获得更多融资，甲公司又与戊公司签订生产车间租赁合同。在与戊公司签订租赁合同时，因某个车间尚有原材料、半成品没有清点，戊公司便使用了这些原材料和半成品。甲公司的债权人“罗马轮胎公司”认为，虽然甲公司不能偿还到期债务，但因上述与戊公司的租赁合同履行中财产没有清点清楚，造成财产混同，遂在向法院要求甲公司偿还债务的同时，主张甲公司与戊公司“人格混同”而要求戊公司承担连带清偿责任。在案件审理过程中，法院根据“罗马轮胎公司”的请求对甲公司相关的财产采取了诉讼保全措施。

【4】另外，甲公司在与己公司签订的一份轮胎买卖合同中，己公司已经支付货款，但甲公司一直没有交付轮胎。对此，己公司向法院起诉要求甲公司履行合同交付轮胎。胜诉判决生效后，己公司认为，甲公司交付的轮胎质量已经大不如从前，于是又向法院提出解除合同，返还货款并赔偿损失的诉讼。

【5】此外，为了资金周转，甲公司利用其控股地位，

学有所记：

学有所悟：

学有所记：

学有所悟：

向其全资子公司多次无偿调取资金，各个子公司之间如果资金短缺，甲公司就在所有全资子公司之间统一调度资金使用，且关联公司之间账目不清。甲公司的某全资子公司的两个债权人庚公司、辛公司，因到期债权不能获得清偿，向法院申请对甲公司及其所有全资子公司进行合并重整。

问题（回答应有理有据，逻辑性、专业性强，表述完整、准确、通顺，结论与理由一致）：

1. 在丙公司提起的撤销“以物抵债”协议的诉讼中，当事人的诉讼地位如何确定？

【个人作答】

【考点】债权人撤销权

【参考答案】共4分（仅需结论）。（1）丙公司为原告（1分）；（2）甲公司为被告（1分）；（3）乙公司为无独立请求权的第三人/无独三（2分）。注：若答甲公司、乙公司为共同被告，给2分；仅答甲公司、乙公司为被告，给1分。

【解析】①《民法典》第539条规定：“债务人以明显不合理的低价转让财产、以明显不合理的高价受让他人财产或者为他人的债务提供担保，影响债权人的债权实现，债务人的相对人知道或者应当知道该情形的，债权人可以请求人民法院撤销债务人的行为。”

②根据通说［参照已被废止的《合同法解释（一）》第24条规定的“裁判思路”］，债权人依照《民法典》第538条和第539条的规定提起债权人撤销权诉讼时只以债务人为被告，未将受益人或者受让人列为第三人的，人民法

院可以追加该受益人或者受让人为第三人。

③据此，甲公司的债权人丙公司，以甲公司“以明显不合理的低价向乙公司转让财产损害自己的债权”为由行使债权人撤销权，诉请法院撤销甲公司的该处分行为时，债权人丙公司为原告，债务人甲公司为被告，法院可以追加受益人（受让人）乙公司为无独立请求权的第三人。

【采点得分答案】甲公司的债权人丙公司行使债权人撤销权，诉请法院撤销债务人甲公司以明显不合理的低价向乙公司转让财产的行为（“以物抵债”协议）时，债权人丙公司为原告，债务人甲公司为被告，可以列（可以追加）受让人乙公司为无独立请求权的第三人。

2. “以物抵债”协议的效力如何？

【个人作答】______

【考点】以物抵债；以物抵债协议性质的认定

【参考答案】共7分（需结论与理由）。有两个答案。答案（一）：（1）该以物抵债协议有效/生效（2分）；（2）该协议属诺成合同（1分）；（3）不存在法定或约定的特别生效要件（2分）；（4）双方意思表示一致（达成合意）且不存在无效事由（2分）。答案（二）：（1）该以物抵债协议无效/不生效（2分）；（2）根据民法通说/一般认为（1分）；（3）该以物抵债协议属实践合同/要物合同（2分）；（4）本案中未履行过户登记/移转物权的手续，不满足生效/有效要件（2分）。

【解析】①题干交代，甲公司对乙公司8000万元借款

学有所记：

学有所悟：

学有所记：

学有所悟：

债务“履行期限届满以前”，双方订立“以物抵债协议”，约定甲公司以价值1.2亿元的办公楼抵偿8000万元借款债务，但尚未为乙公司办理房屋过户登记。根据题意，甲公司“已经放弃期限利益”，愿意提前偿还8000万元借款。因此，该以物抵债协议属于“履行期届满后达成的以物抵债协议”。

②甲公司、乙公司达成的以物抵债协议属于“履行期届满后达成的以物抵债协议”。应如何发生效力呢？对此，法无明文规定，根据民法理论和《九民纪要》第44条规定的精神，应解释当事人的意思，予以确定。主要包括两种类型：(a)“债务更新”。若以物抵债协议约定“原债务消灭仅成立新债务”，则属于“债务更新”，又称“债务更改”，其法律效果是，以物抵债协议生效时，原债务（8000万元借款债务）消灭，甲公司仅对乙公司负担新债务（向乙公司交付房屋并移转房屋所有权）。(b)“新债清偿”。若以物抵债协议并未明确约定“原债务消灭”，则属于“新债清偿”，其法律效果是，原债与新债并存，原则上，乙公司应请求甲公司履行新债（交付房屋并移转所有权），甲公司履行新债时，原债与新债均因清偿消灭；甲公司不履行新债并且经催告后经过合理期限仍未履行的，乙公司可请求甲公司恢复对原债（8000万元借款债务）的履行，甲履行原债时，原债与新债均因清偿消灭。本题中，根据题意，甲公司、乙公司未于以物抵债协议中明确约定原债消灭，因此，该以物抵债协议属于第二种类型，即“新债清偿”。

③如上所述，甲公司、乙公司的以物抵债协议属于“履行期届满后达成的以物抵债协议”，且为“新债清偿”。此时须回答的问题是，该以物抵债（新债清偿）的性质上属于“实践合同”还是“诺成合同”？对此有争议，主要

有两种观点。(a)“实践合同说”。该观点主张，作为新债清偿的以物抵债协议属于实践合同，双方就以物抵债协议的主要条款达成一致时，他种给付（新债）虽成立但尚未生效，债权人尚不得请求债务人履行他种给付（新债）；须于实际履行他种给付（新债）时，以物抵债协议才生效，他种给付（新债）的生效与实际履行在时间上重合，当然，不仅他种给付（新债）因清偿而消灭，原定给付（原债）也因清偿而消灭。“实践合同说”是通说观点，也是2018年之前作答法考（司考）“代物清偿”题目时的答题标准。(b)“诺成合同说”。《九民纪要》第44条持“诺成合同说”，该观点主张，作为新债清偿的以物抵债协议属于诺成合同，以物抵债协议自双方合意时成立并生效，原债与新债并存，原则上，债权人应请求债务人履行新债（他种给付），债务人履行新债（他种给付）时，原债与新债均因清偿消灭；债务人不履行新债（他种给付）并且经催告后经过合理期限仍未履行的，债权人可请求债务人恢复对原债的履行，债务人履行原债时，原债与新债均因清偿消灭。

④“新债清偿”的性质，我国现行民法未作规定，存有法律漏洞。《九民纪要》并非民法的直接渊源，不能直接作为裁判民事案件的依据，在存有民法漏洞时，《九民纪要》第44条规定的精神，可采为填补漏洞的素材之一。同时，对新债清偿性质的“实践合同说”，为通说观点，且由来已久。因此，本题确定的答案为“开放型”，作答时，答出“实践合同说”与“诺成合同说”中一种，即可得满分。

⑤题外话：严格言之，“代物清偿”与“新债清偿”并非一事。严格来说，“代物清偿”，指协议约定以新债务清偿旧债务，旧债务消灭；“新债清偿”，指协议约定先以新债清偿，清偿实现不了的，再就旧债获得清偿，具有担保作用。(2013年·卷三·86题）和（2016年·卷三·56

学有所记：

学有所悟：

学有所记：

学有所悟：

题）考的都是“代物清偿”。不过，目前似乎发生了转向。一方面《九民纪要》第44条和第45条不区分“代物清偿”与“新债清偿”；另一方面，本题第2问事实上也不区分“代物清偿”与“新债清偿”。因此，可作如下判断，2020年以后，对“以物抵债协议”的定性，走区分“债务更新”与“新债清偿”的路径，不再走区分“代物清偿”与“新债清偿”的路径。

【采点得分答案】甲公司对乙公司8000万元借款债务履行期届满前，甲公司放弃期限利益，与乙公司订立以物抵债协议，且未明确约定借款债务因抵债协议成立而消灭，该以物抵债协议属于“新债清偿”，双方已经达成合意且无效力瑕疵，以物抵债协议有效。对该协议的性质，有争议，主要有两种观点。第一种为“实践合同说”，主张甲公司、乙公司就以物抵债达成合意时，以物抵债协议虽成立但未生效，须甲公司实际履行办理房屋过户登记时，抵债协议才生效，原债因清偿而消灭。第二种为“诺成合同说”，主张甲公司、乙公司就以物抵债达成合意时，以物抵债协议成立并生效，甲公司对乙公司同时负担原债（8000万元借款债务）与新债（交付房屋并移转所有权），甲对乙履行原债或新债之一的，原债与新债均因清偿而消灭。

3. 债务人有大量财产可以清偿债务是否构成对于撤销权行使的障碍？为什么？

【个人作答】

【考点】债权人撤销权

【参考答案】共5分（需结论与理由）。(1) 可以构成债权人撤销权之行使的障碍（2分）；(2) 债权人撤销权的行使前提是其债权受到不当损害，本案中债务人尚有其他财产可供清偿，并未对债权人之债权造成损害（3分）。

【解析】①甲公司对乙公司负担的8000万元借款债务到期前，甲公司放弃期限利益，提前以甲公司的房屋抵偿对乙公司的借款债务，根据《民法典》第538条和第539条的规定，只有符合以下三个条件，甲公司的债权人丙公司才享有债权人撤销权，才有权诉请法院撤销甲公司与乙公司的“以物抵债协议”。这三个条件是：(a) 丙公司对甲公司的债权合法、有效；(b) 甲公司对丙公司负担债务后，实施了导致甲公司责任财产减少的财产上处分行为，并因此损害了丙公司对甲公司的债权（所谓“损害”，指甲公司实施处分行为后，甲公司剩余的财产不足以清偿甲公司对丙公司的债务）；(c) 甲公司的处分行为系有偿行为的，须受让人乙公司受让房屋时主观上具有恶意（“恶意”，指知道或者应当知道甲公司的处分行为将损害甲公司的债权人享有的债权）。

②根据案情，甲公司将房屋以明显不合理的低价（房屋抵债的价格达不到市场价的70%）抵给乙公司以后，甲公司剩余的财产（责任财产）足以清偿甲公司对丙公司负担的债务，“以物抵债”协议未损害丙公司对甲公司的债权（不影响丙公司对甲公司债权的实现），丙公司不享有债权人撤销权。

【采点得分答案】略。

4. 甲公司股东A在未与妻子商量的情况下，负担保证债务，该债务是否属于夫妻共同债务？为什么？

【个人作答】________________________________

学有所记：

学有所悟：

学有所记：

学有所悟：

【考点】夫妻共同债务；夫妻个人债务

【参考答案】共5分（需结论与理由）。（1）不属于夫妻共同债务（1分）；（2）本案不满足夫妻共同债务的两个要件：一是“共债共签”或事后追认（2分）；二是用于夫妻共同生活（2分）。

【解析】①根据《民法典》第1064条、《民法典婚姻家庭编解释（一）》第33条与第34条的规定，婚姻关系存续期间，夫妻共同或者一方对外负担的下列债务，属于夫妻共同债务：（a）夫妻双方共同签字或者夫妻一方事后追认等共同意思表示所负的债务；（b）夫妻一方以个人名义为家庭日常生活需要所负的债务；（c）夫妻一方以个人名义超出家庭日常生活需要所负的债务，债权人能够证明该债务用于夫妻共同生活、共同生产经营或者基于夫妻双方共同意思表示的；（d）夫妻一方婚前负担的债务，债权人能够证明用于夫妻婚后共同生活（共同生产经营）的。

②股东A因提供保证担保对丁公司负担的保证债务，即不属于股东A与其妻子基于共同意思表示负担的债务，股东A的妻子事后亦未追认，股东A提供保证所获得的借款也未用于股东A与其妻子的夫妻共同生活，应认定为股东A的个人债务，而不能认定为股东A与其妻子的夫妻共同债务。

【采点得分答案】股东A因提供保证担保对丁公司负担的保证债务，即不属于股东A与其妻子基于共同意思表示负担的债务，股东A的妻子事后亦未追认，股东A提供保证所获得的借款也未用于股东A与其妻子的夫妻共同生活，根据《民法典》第 1064 条的规定，应认定为股东 A 的个人债务，而非股东 A 与其妻子的夫妻共同债务，由股东 A 个人承担清偿责任，股东 A 的妻子不承担连带责任。

5. 因票据中作了"不得转让"的记载，甲公司对丁公司的出质是否有效？为什么？

【个人作答】______________________________

______________________________

______________________________

______________________________

______________________________

【考点】权利质权

【参考答案】共 5 分（需结论与理由）。(1) 出质有效 (2 分)；(2) 票据中记载的"不得转让"不影响票据出质的效力/转让不同于出质 (3 分)。

【解析】①《民法典》第 440 条第一项规定："债务人或者第三人有权处分的下列权利可以出质：(一) 汇票、本票、支票。"《民法典》第 441 条规定："以汇票、本票、支票、债券、存款单、仓单、提单出质的，质权自权利凭证交付质权人时设立；没有权利凭证的，质权自办理出质登记时设立。法律另有规定的，依照其规定。"《民法典担保制度解释》第 58 条规定："以汇票出质，当事人以背书记载'质押'字样并在汇票上签章，汇票已经交付质权人的，人民法院应当认定质权自汇票交付质权人时设立。"据此，丁公司对汇票权利质权的有效设立，须符合以下五个条件：(a) 质押合同有效；(b) 出质人甲公司拥有处分权；(c) 在汇票或者粘单上背书记载"质押"字样；(d) 出质人甲公司与债权人丁公司在汇票上签章；(e) 已经（以现实交付、简易交付或者指示交付）完成出质汇票权利凭证

学有所记：

学有所悟：

学有所记：

学有所悟：

的交付。

②《票据法》第27条第二款规定：“出票人在汇票上记载‘不得转让’字样的，汇票不得转让。”《票据法》第34条规定：“背书人在汇票上记载‘不得转让’字样，其后手再背书转让的，原背书人对后手的被背书人不承担保证责任。”据此，汇票上记载“不得转让”字样的，持票人转让该汇票的，作禁转记载的背书人对被背书人的后手不承担票据责任。但是，以禁转汇票出质的，不影响权利质权的设立，主要理由有二：第一个理由，“出质”不等于“转让”，甲公司以其享有的票据权利出质的，固然属于“处分”甲公司的票据权利，但不属于“转让”甲公司的票据权利，丁公司的权利质权设立时，票据权利仍归甲公司享有，只是票据权利上存在丁公司的质权负担。并且，以汇票出质的，《民法典》第440条只要求出质人拥有“处分权”而不要求出质人拥有“转让权”。第二个理由，票据记载“不得转让”字样后，若持票人转让该汇票，作禁转记载的背书人不对被背书人的后手承担票据责任，但是，禁转记载并不影响禁转背书人（或者付款人）对被背书人（如本题中的持票人甲公司）的票据责任。

③题外话（一）：如上所述，丁公司对汇票的权利质权已经有效设立。不过，由于出质前，出票人在该汇票上记载有“不得转让”的字样，因此，丁公司行使权利质权的方式会受到一定限制。对此，《最高人民法院关于审理票据纠纷案件若干问题的规定》第52条规定：“依照票据法第二十七条的规定，出票人在票据上记载‘不得转让’字样，其后手以此票据进行贴现、质押的，通过贴现、质押取得票据的持票人主张票据权利的，人民法院不予支持。”《最高人民法院关于审理票据纠纷案件若干问题的规定》第53条规定：“依照票据法第三十四条和第三十五条的规定，背

书人在票据上记载'不得转让'字样，其后手以此票据进行贴现、质押的，原背书人对后手的被背书人不承担票据责任。”据此，丁公司的债权到期后，丁公司行使该权利质权的方式事实上受到限制，丁公司自己“不愿意以取得票据权利”的方式行使质权（因为付款人有权拒绝付款），丁公司“以拍卖、变卖票据权利”的方式行使质权的，也往往无人问津（因为潜在的买受人会担心付款人拒绝付款）。

④题外话（二）：问题：丁公司的债权到期后，丁公司以何种方式行使该权利质权，即符合法律规定，又能让丁公司实现对汇票权利的优先受偿呢？答案：丁公司可行使保全其权利质权的权利，请求出质人甲公司向汇票付款义务人主张付款，同时基于“担保物权的物上代位性”，丁公司有权对该汇票付款价金行使优先受偿权。这样，既未转让汇票权利（符合《票据法》第 27 条的规定），丁公司又能对甲公司享有的票据权利优先受偿。所以说，“担保物权的物上代位性”是很重要的。

**【采点得分答案】**甲公司对丁公司的出质有效，丁公司的权利质权已经有效设立。理由有二：第一，“出质”不等于“转让”，甲以其享有的票据权利出质的，固然属于“处分”甲的票据权利，但不属于“转让”甲的票据权利，丁公司的权利质权设立时，票据权利仍归甲享有，只是票据权利上存在丁公司的质权负担。第二，票据记载“不得转让”字样后，若持票人转让该汇票，作禁转记载的背书人不对被背书人的后手承担票据责任，但是，禁转记载并不影响禁转背书人（或者付款人）对被背书人（如本题中的持票人甲公司）的票据责任。

6. “罗马轮胎公司”认为甲公司与戊公司之间因租赁

学有所记：

学有所悟：

学有所记：

学有所悟：

合同履行过程中，有财产交接不清的行为，构成“人格混同”从而承担连带责任的主张是否成立？为什么？

【个人作答】

【考点】法人人格否认

【参考答案】共5分（需结论与理由）。（1）不成立连带责任（2分）；（2）人格混同发生在公司与股东（或关联公司）之间，本案不属于此情况（3分）。

【解析】①根据《民法典》第83条第二款、《公司法》第20条第三款的规定，所谓“法人人格否认”，指法人的出资人（股东）滥用法人独立地位和出资人（股东）有限责任，以实施过度支配与控制、经营资本显著不足、造成出资人（股东）与法人人格混同等方式，致使法人的财产不足以清偿该法人对债权人的债务，严重损害债权人利益，债权人有权诉请法院在个案中否认该法人的独立责任和否认实施滥用行为的出资人（股东）的有限责任，责令实施滥用行为的出资人（股东）对法人债务承担连带责任。《九民纪要》第10条至第13条对“法人人格否认制度”予以了细化。

②“法人人格否认”的必要条件之一，是法人的出资人（股东）实施了滥用行为，并且，在个案中否认法人人格时，也只有实施了滥用行为的法人出资人（股东）承担连带责任。本题中，戊公司并非甲公司的股东，虽然戊公司擅自使用了甲公司的财产，导致甲公司与戊公司财产出现暂时的混同，即使甲公司无力偿还对“罗马轮胎公司”的到期债务，因戊公司并非甲公司的股东，也不符合否认

甲公司人格的条件。

【采点得分答案】“罗马轮胎公司”请求戊公司对甲公司债务承担连带责任的请求不能成立。因为，根据《民法典》第83条第二款和《公司法》第20条第三款的规定，只有在甲公司的股东（出资人）滥用甲公司的独立地位和股东有限责任，导致甲公司与实施滥用行为的股东（出资人）财产混同、人格混同，严重损害债权人利益时，才能否认甲公司的独立人格，判令实施滥用行为的股东对甲公司债务承担连带责任。戊公司并非甲公司的股东，不具备否认甲公司人格的要件。

7. 己公司在获得生效判决后，又提起解除合同并赔偿损失的诉讼，是否构成“重复起诉”？为什么？

【个人作答】______________________________

______________________________

______________________________

______________________________

______________________________

【考点】一事不二讼；诉讼标的的概念

【参考答案】共5分（需结论与理由）。有两个答案。答案（一）：（1）不构成重复诉讼（2分）；（2）本案争议事实发生在判决生效之后（1分）；（3）且前后诉讼请求/诉讼标的不一致（2分）。答案（二）：（1）构成重复诉讼（2分）；（2）本案争议事实发生在判决生效之前（1分）；（3）且前后诉讼请求/诉讼标的相同（2分）。

【解析】略（这是民诉考点，笔者力有不逮）。

8. 庚公司、辛公司是否可以请求对甲公司及其所有全资子公司进行合并重整？为什么？

学有所记：

学有所悟：

学有所记：

学有所悟：

【个人作答】

【考点】法人人格否认

【参考答案】共 7 分（需结论与理由）。有两个答案。答案（一）：(1) 可以请求破产重整（2 分）；(2) 甲公司及其子公司之间存在财产混同（2 分）；(3) 进而构成人格混同（法人人格否认/揭开法人面纱）(5 分)。答案（二）：(1) 不可以请求破产重整（1 分）；(2) 第一，法无明文规定（2 分）；(3) 第二，对债权人不公平（2 分）；(4) 第三，可通过其他途径解决（2 分）。

【解析】①根据《民法典》第 83 条第二款和《公司法》第 20 条第三款的规定，在个案中否认甲公司该全资子公司的法人人格，须符合以下四个条件：(a) 该子公司的控制股东（或实际控制人）实施了滥用法人独立地位和股东有限责任的行为（表现为人格混同、过度支配与控制、资本显著不足等）；(b) 造成严重损害该子公司债权人（庚公司、辛公司）利益的损害后果（主要是公司财产不足以清偿公司债权人的债权）；(c) 滥用行为与公司债权人利益遭受严重损害的后果之间具有因果关系；(d) 滥用者主观上为故意，且具有通过滥用行为逃避债务损害公司债权人利益的恶意。

②《九民纪要》第 11 条第二款规定："控制股东或实际控制人控制多个子公司或者关联公司，滥用控制权使多个子公司或者关联公司财产边界不清、财务混同，利益相互输送，丧失人格独立性，沦为控制股东逃避债务、非法经营，甚至违法犯罪工具的，可以综合案件事实，否认子

公司或者关联公司法人人格，判令承担连带责任。”该款规定了“横向否认法人人格”的制度精神。根据这一精神，控股股东甲公司实施的行为及其结果，符合“横向否认法人人格”的条件，庚公司和辛公司在对甲公司的该全资子公司主张债权的诉讼中，有权主张横向否认，请求法院判令甲公司和全部子公司对该笔债务承担连带责任。

③《全国法院破产审判工作会议纪要》第32条规定：“关联企业实质合并破产的审慎适用。人民法院在审理企业破产案件时，应当尊重企业法人人格的独立性，以对关联企业成员的破产原因进行单独判断并适用单个破产程序为基本原则。当关联企业成员之间存在法人人格高度混同、区分各关联企业成员财产的成本过高、严重损害债权人公平清偿利益时，可例外适用关联企业实质合并破产方式进行审理。”《全国法院破产审判工作会议纪要》第37条规定：“实质合并审理后的企业成员存续。适用实质合并规则进行破产清算的，破产程序终结后各关联企业成员均应予以注销。适用实质合并规则进行和解或重整的，各关联企业原则上应当合并为一个企业。根据和解协议或重整计划，确有需要保持个别企业独立的，应当依照企业分立的有关规则单独处理。”这两个条文规定了“合并破产”与“合并重整”的制度精神，属于“横向否认法人人格”制度在破产程序中的具体适用。本题中，因甲公司该全资子公司资不抵债并符合破产的条件，因此在“横向否认法人人格”时，可以将人格高度混同甲公司与其子公司“合并破产”；同时，由于具有重整的基础，可先进行“合并重整”。

④由于《九民纪要》第11条第二款和《全国法院破产审判工作会议纪要》第32条和第37条不属于民法的直接渊源，法院不能作为直接裁判借款纠纷和破产案件的规范依据，仅在制定法存有漏洞时，可以作为填补法律漏洞

学有所记：

学有所悟：

学有所记：

的素材。因此，出题人将此问的答案设计为"开放型"。

【采点得分答案】略。

9. 假设甲公司及其所有全资子公司可以合并重整，则重整程序开始后，对于相关公司已经开始的民事诉讼程序有何影响？

【个人作答】

【考点】破产程序；诉讼中止

【参考答案】共4分（仅需结论）。(1) 正在进行中的民事诉讼中止（1分）；(2) 待管理人接管后再行恢复诉讼（1分）；(3) 执行程序中止（1分）；(4) 所涉及的诉讼保全措施解除（1分）。

【解析】略。

学有所悟：

10. 如果对甲公司及其所有全资子公司开始合并重整程序，那么，对于所有债权人的影响是什么？

【个人作答】

【考点】破产程序

【参考答案】共5分（仅需结论）。(1) 实体方面：债权人不得单独请求或接受甲公司及其子公司的清偿（2分）；(2) 程序方面：债权人应当向受理破产案件的人民法院申报债权（1分）；（3）若对债权有争议，可请求确认债权（2分）。

【解析】略。

## 五、2020年民法主观题（回忆版）

### 案例分析题

**案情：**

【1】位于西上市东河区的甲公司有2名自然人股东A和B，各拥有公司50%的股份，甲公司名下在南前市北山区有一宗地块的土地使用权，但涉及拆迁问题。乙公司位于东下市西河区，是一家专门从事房地产开发的有限责任公司，是明达公司（位于北后市南海区）的全资子公司，实力在该区很强。

【2】A、B找到乙公司，A、B以个人名义，以甲公司该地块的土地使用权作为出资，与乙公司合作开发房地产项目，并签订《协议》。《协议》主要内容如下："①以乙公司为项目运营的商事载体。②项目完成后，乙公司分给A、B各20%的本项目房产；为担保该义务的履行，乙公司给A、B乙公司的股权各20%，但A和B不参与乙公司的经营管理；若到期乙公司履行了交付房屋的义务，则A、B将股权无偿转回乙公司名下。③若因履行《协议》发生争议，由被告住所地人民法院管辖。"《协议》签订后，对乙公司的股权进行了变更，并根据股权的调整进行了工商变更登记。

【3】乙公司作为项目公司，为基建需要进行了以下融资行为：①乙公司为融资，与丙公司签订融资租赁合同

学有所记：

学有所悟：

学有所记：

（标的额2000万元），标的物为2辆铲车（约定融资租赁期间归铲车丙公司所有，但未办理登记）。②为向丁公司借款2亿元，乙公司将其现有以及将有的全部动产（包括2辆铲车）为丁公司设立动产浮动抵押，办理了抵押登记。同时，为担保乙公司对丁公司的借款债务，自然人C和D对丁公司提供连带共同保证（但未约定保证方式）。③为获取更多融资款，乙公司又与戊信托商签订融资协议。为担保乙公司对戊的债务，自然人子提供保证担保，自然人丑以其价值1500万元的房屋提供抵押担保（办理了房屋抵押登记），但子、丑彼此不知情。④后，在经营过程中，乙公司将丙公司所有的2辆铲车出卖给自然人E，获得1950万元货款。E在使用过程中发现铲车存在质量问题和设计缺陷，E一直与乙公司交涉未果。

【4】另，乙公司为体现《民法典》规定的营利法人的社会责任，提升企业名誉，扩大其在本地的影响力，乙公司实施了公益性捐赠行为，承诺每年向“青少年成长基金会”捐款1000万元，并在媒体上宣传。

学有所悟：

【5】楼盘建成后，乙公司陆续对外销售已建成的房屋，销售比例达15%。自然人F购买房屋后发现所购房屋实际面积、房型设计、容积率、配套设施等与广告宣传有很大差距，F与乙公司多次沟通无果，准备诉讼维权。

【6】乙对外销售房屋的行为引起A和B的警惕，A和B向人民法院起诉乙公司违约，并诉请法院撤销乙公司与购房人之间的房屋买卖合同，诉讼过程中，A、B申请撤回起诉，法院准许。后乙公司经营不佳、无力偿债，A和B申请将乙公司进行重整，并申请以乙公司的股东、债权人、

项目共有人身份，要求行使40%房产取回权。

问题：

1. 在该案情况下，甲公司的债权人是否有权请求A、B对甲公司的债务承担连带责任？为什么？

【个人作答】________________________________________

________________________________________________

________________________________________________

________________________________________________

________________________________________________

【考点】法人人格否认

【采点得分答案】甲公司的股东A和B擅将甲公司享有的土地使用权作为自己的出资与乙公司合作开发房地产项目，从而实施了导致控制股东A、B与营利法人甲公司财产混同、人格混同的滥用公司独立责任和股东有限责任的滥用行为，但并未产生严重损害甲公司债权人利益的后果，根据《民法典》第83条第二款的规定，在甲公司债权人对甲公司的债权纠纷中，不能否认甲公司的法人人格，不能请求A、B对甲公司的债务承担连带责任。

【解析】①《民法典》第83条第二款："营利法人的出资人不得滥用法人独立地位和出资人有限责任损害法人债权人的利益；滥用法人独立地位和出资人有限责任，逃避债务，严重损害法人债权人的利益的，应当对法人债务承担连带责任。"

②根据《民法典》第83条第二款的规定，在债务纠纷中，对债务人否认法人人格，要件有四：第一，公司控制股东（或实际控制人）实施了滥用法人独立地位和股东有限责任的行为（表现为人格混同、过度支配与控制、资本显著不足等）；第二，造成严重损害公司债权人利益的损害后果（主要是公司财产不足以清偿公司债权人的债权）；第

学有所记：

学有所悟：

学有所记：

学有所悟：

三，滥用行为与公司债权人利益遭受严重损害的后果之间具有因果关系；第四，滥用者主观上为故意，且具有通过滥用行为逃避债务损害公司债权人利益的恶意。

③甲公司的控制股东A、B擅自以甲公司的土地使用权作为个人的出资与乙公司合作开发房地产项目，导致A、B与甲公司财产混用与人格混同，A、B实施了滥用甲公司独立责任与公司有限责任的滥用行为。但是，根据题干交代的信息，并未出现甲公司无力清偿债务的情形，不符合"严重损害法人债权人的利益"这一要件。因此，在甲公司与其债权人的债务纠纷中，不能否认甲公司的法人人格，不能判令A、B对甲公司的债务承担连带责任。

2. A、B诉请乙公司按约交付40%的房产，哪一（哪些）法院享有管辖权？为什么？若乙公司重整，A、B是否享有40%房产取回权？为什么？

【个人作答】

【考点】协议管辖；专属管辖；破产重整与破产债权的实现

【采点得分答案】略。

【解析】略（第2问涉及的是民诉与商经考点）。

3. 乙公司按照《协议》办理完毕股权的工商变更登记后，A和B是否能够各自取得乙公司20%的股权？为什么？

【个人作答】

【考点】让与担保

【采点得分答案】乙公司按《协议》办理完毕股权的工商变更登记后，A 和 B 并未各自取得乙公司 20% 的股权。理由在于：乙公司在形式上将其股权分别转让给 A 和 B，以担保乙公司对 A、B 债务的履行，属于让与担保，而非股权转让；根据《民法典担保制度解释》第 68 条第一款与第二款的规定，虽已完成让与担保财产权利变动的公示，但 A 和 B 并未取得相应的股权，A 和 B 仅对让与担保财产享有作为非典型担保的让与担保物权，乙公司不履行到期债务，债权人 A 和 B 有权请求参照《民法典》关于担保物权的有关规定就该财产优先受偿。

【解析】①乙公司将其股权在形式上转移至 A、B 名下（A、B 各 20%），办理了股权过户登记（变更登记在 A、B 名下），目的在于担保乙公司将项目房产各转让 20% 给 A、B 的合同义务的履行（约定“A 和 B 不参与乙公司的经营管理”），根据《民法典担保制度解释》第 68 条的规定，属于以股权为标的物的“让与担保”，而非股权转让。

②乙公司与 A、B“已经完成财产权利变动的公示”（将各 20% 的股权变更登记在 A、B 名下），对变更登记在 A、B 名下的股权，A、B 并未取得该相应的股权，仅取得作为非典型担保的让与担保担保物权。

③若乙公司履行了将项目房产各转让 20% 给 A、B 的合同义务，基于担保物权消灭上的从属性，A、B 对相应股权享有的让与担保担保物权消灭，A、B 应当将相应股权无偿转回乙公司；若乙公司不履行将项目房产各转让 20% 给 A、B 的合同义务，A、B 可对相应股权行使让与担保担保物

学有所记：

学有所悟：

学有所记：

权，有权请求参照《民法典》关于担保物权的规定对相应股权折价或者以拍卖、变卖相应股权所得的价款优先受偿。

4. 丁公司已登记的动产浮动抵押权能否对抗E？为什么？若债务履行期届满乙公司未履行债务，丁公司应如何行使担保权利？若丁公司以不同的人为被告起诉，法院应该如何安排当事人？

【个人作答】

【考点】动产抵押权的效力；混合担保；一般保证人的诉讼地位

学有所悟：

【采点得分答案】①丁公司已登记的动产浮动抵押权能够对抗E。理由在于：丁公司的动产浮动抵押权存续期间，抵押人乙公司将抵押动产（作为乙公司生产设备的2辆铲车）转让给E，该转让行为不属于抵押人乙公司的正常经营活动，同时，为丁公司设立的动产浮动抵押权已经办理抵押登记，根据《民法典》第404条与第406条的规定，抵押动产转让给E以后，丁公司的动产浮动抵押权不受影响，对E取得所有权的2辆铲车，丁公司仍享有动产浮动抵押权。

②乙公司对丁公司的借款债务，乙公司以其动产为丁公司设立动产浮动抵押，并且自然人C和D对丁公司提供连带共同保证，属于混合担保，由于未约定丁公司行使担保权利的顺序与份额，因此，根据《民法典》第392条的规定，若债务履行期届满乙公司未履行债务，丁公司应当先对乙公司的动产行使动产浮动抵押权；对乙公司动产行

使动产浮动抵押权仍不能清偿的部分，丁公司才能请求 C 和 D 承担连带共同保证责任。

③保证人 C 和 D 与债权人丁公司未约定保证方式，根据《民法典》第 686 条第二款的规定，应当认定 C 和 D 的保证方式属于一般保证。根据《民法典担保制度解释》第 26 条的规定，若丁公司仅以乙公司为被告起诉，法院可以只列乙公司为被告；若丁公司仅以 C 或（和）D 为被告起诉，法院应当驳回起诉；若丁公司以乙公司和 C 或（和）D 为被告起诉，法院应当列乙公司与 C 或（和）D 为被告。

【解析】①（a）《民法典》第 404 条规定："以动产抵押的，不得对抗正常经营活动中已经支付合理价款并取得抵押财产的买受人。"《民法典担保制度解释》第 56 条第一款规定："买受人在出卖人正常经营活动中通过支付合理对价取得已被设立担保物权的动产，担保物权人请求就该动产优先受偿的，人民法院不予支持，但是有下列情形之一的除外：（一）购买商品的数量明显超过一般买受人；（二）购买出卖人的生产设备；（三）订立买卖合同的目的在于担保出卖人或者第三人履行债务；（四）买受人与出卖人存在直接或者间接的控制关系；（五）买受人应当查询抵押登记而未查询的其他情形。"据此，乙公司为丁公司设立动产浮动抵押权，抵押期间，抵押人乙公司将作为其"生产设备"的抵押财产 2 台铲车转让给 E，该转让行为不属于乙公司的"正常经营活动"，因此，丁公司对 2 台铲车的动产浮动抵押权不因转让而消灭。

（b）《民法典》第 745 条规定："出租人对租赁物享有的所有权，未经登记，不得对抗善意第三人。"据此，融资租赁期间，2 台铲车按照约定归出租人丙公司所有，因此，乙公司将 2 台铲车出卖给 E 属于无权处分，但是，约定归丙享有的所有权未办理登记，不能对抗善意受让人 E，根

学有所记：

学有所悟：

学有所记：

学有所悟：

据《民法典》第311条的规定，E善意取得这2台铲车的所有权。

(c)《民法典》第406条第一款规定："抵押期间，抵押人可以转让抵押财产。当事人另有约定的，按照其约定。抵押财产转让的，抵押权不受影响。"《民法典》第403条规定："以动产抵押的，抵押权自抵押合同生效时设立；未经登记，不得对抗善意第三人。"据此，动产浮动抵押期间，乙公司将抵押财产（2台铲车）转让给E，E自受让交付时取得所有权，但基于抵押权的追及效力，丁公司对2台铲车享有的已经登记的动产浮动抵押权"不受影响"，对E取得所有权的2台铲车，丁公司继续享有动产浮动抵押权。

②（a）乙公司对丁公司的借款债务，乙公司提供物保，以其动产为丁公司设立动产浮动抵押，自然人C和D提供人保，对丁公司提供连带共同保证，成立《民法典》第392条规定的混合担保。同时，由于未约定乙公司不履行还款义务时，丁公司行使担保权利的顺序，因此，丁公司行使担保权利有顺序上的限制。丁公司应当先对乙公司的动产行使动产浮动抵押权；对乙公司动产行使动产浮动抵押权仍不能清偿的部分，丁公司才能请求C和D承担连带共同保证责任。

(b)由于C和D约定对丁公司承担连带共同保证，因此，丁公司请求C和D承担连带共同保证责任时，无顺序与份额上的限制，丁公司有权选择请求C或D中的任何一人对剩余的全部债务承担保证责任，丁公司也有权选择请求C和D一起共同对剩余的全部债务各自承担一定份额的保证责任。

③（a）《民法典》第686条第二款规定："当事人在保证合同中对保证方式没有约定或者约定不明确的，按照

一般保证承担保证责任。”据此，因未约定保证方式，C 或 D 的保证方式均为一般保证，均享有先诉抗辩权。

(b)《民法典担保制度解释》第 26 条第一款规定：“一般保证中，债权人以债务人为被告提起诉讼的，人民法院应予受理。债权人未就主合同纠纷提起诉讼或者申请仲裁，仅起诉一般保证人的，人民法院应当驳回起诉。”《民法典担保制度解释》第 26 条第二款规定：“一般保证中，债权人一并起诉债务人和保证人的，人民法院可以受理，但是在作出判决时，除有民法典第六百八十七条第二款但书规定的情形外，应当在判决书主文中明确，保证人仅对债务人财产依法强制执行后仍不能履行的部分承担保证责任。”因此，第一，若丁公司仅以债务人乙公司为被告起诉，法院可以只列乙公司为被告；第二，若丁公司仅以 C 或（和）D 为被告起诉，经释明后丁未变更诉讼请求或者法院未依职权追加的，法院应当驳回起诉；第三，若丁公司以乙公司和 C 或（和）D 为被告起诉，法院应当列乙公司与 C 或（和）D 为被告。

5. 乙公司将丙所有的 2 辆铲车出卖给 E 后，对 E 在使用过程中发现铲车存在质量问题和设计缺陷，E 应当向谁主张权利？为什么？

【个人作答】______

______

______

______

______

【考点】合同的相对性；产品责任

【采点得分答案】①对铲车存在的质量问题和设计缺陷，若 E 欲主张违约责任，根据《民法典》第 465 条第二

学有所记：

学有所悟：

学有所记：

学有所悟：

款的规定，基于合同的相对性规则，E 只能请求出卖人乙公司承担违约责任。②若 E 因铲车设计缺陷遭受人身损害或者缺陷产品以外的其他财产损害，则成立产品侵权，根据《民法典》第 1203 条的规定，E 有权请求缺陷产品（铲车）的生产者与销售者承担无过错侵权责任、不真正连带责任。

【解析】①《民法典》第 465 条第二款规定："依法成立的合同，仅对当事人具有法律约束力，但是法律另有规定的除外。"若乙公司出卖给 E 的 2 台铲车存在质量问题，属于瑕疵履行（不完全给付），根据《民法典》第 577 条的规定，E 有权请求乙公司承担违约责任。同时，根据合同的相对性规则，E 只能请求合同债务人（出卖人乙公司）承担违约责任。

②《民法典》第 1203 条第一款规定："因产品存在缺陷造成他人损害的，被侵权人可以向产品的生产者请求赔偿，也可以向产品的销售者请求赔偿。"《民法典》第 1203 条第二款规定："产品缺陷由生产者造成的，销售者赔偿后，有权向生产者追偿。因销售者的过错使产品存在缺陷的，生产者赔偿后，有权向销售者追偿。"据此，若因铲车缺陷给 E 造成人身损害或者缺陷产品（铲车）之外的其他财产损害，成立产品侵权，E 有权请求铲车的生产者、销售者（包括融资租赁合同的出租人丙公司以及买卖合同的出卖人乙公司）承担无过错责任、不真正连带责任。

6. 乙公司出卖房屋的行为是否对 A、B 构成违约？为什么？A、B 是否有权诉请撤销乙公司与自然人 F 之间的房屋买卖合同？为什么？

【个人作答】________________________________

____________________________________________

学有所记：

学有所悟：

【考点】违约形态；债权人撤销权

【采点得分答案】①乙公司出卖房屋的行为并不对A、B构成违约。理由在于：一方面，乙公司与A、B的《协议》并未约定乙公司负有不得向他人出售房屋的合同义务；另一方面，乙公司向他人出售的房屋，销售比例仅占15%，该销售行为不影响乙公司依照《协议》向A、B转让40%房产合同义务的履行。

②A、B无权诉请撤销乙公司与自然人F之间的房屋买卖合同。理由在于：乙公司依据《协议》对A、B负担交付房屋以及移转房屋所有权的合同义务后，虽然乙公司实施了向F出售房屋的处分行为，但该处分行为系以合理的价格出售，未导致乙公司责任财产减少，不会因此影响A、B对乙公司债权的实现，根据《民法典》第539条的规定，A、B不享有债权人撤销权，无权诉请法院撤销乙公司与自然人F之间的房屋买卖合同。

【解析】①《民法典》第577条规定："当事人一方不履行合同义务或者履行合同义务不符合约定的，应当承担继续履行、采取补救措施或者赔偿损失等违约责任。"一方面，乙公司与A、B的《协议》并未约定"乙公司不得向第三人出售项目房产"，因此，楼盘建成后，乙公司对外销售已建成的房屋的行为，不构成对乙公司与A、B间《协议》的违反。另一方面，乙公司已经销售的房屋仅占已建成的房屋的15%，不会导致乙公司不能履行向A、B交付40%房屋并移转所有权的合同义务。因此，乙公司出卖房屋的行为并不对A、B构成违约。

②(a)《民法典》第539条规定："债务人以明显不

学有所记：

合理的低价转让财产、以明显不合理的高价受让他人财产或者为他人的债务提供担保，影响债权人的债权实现，债务人的相对人知道或者应当知道该情形的，债权人可以请求人民法院撤销债务人的行为。”

（b）根据《民法典》第539条的规定，债务人有偿处分其财产的，债权人享有债权人撤销权的要件有三：第一，债权人对债务人的债权合法、有效；第二，债务人对债权人负担债务之后，实施了导致其责任财产减少的财产性处分行为，并因此影响债权人债权的实现；第三，债务人与受让人（受益人）具有损害债权人债权的观念主义的恶意。

（c）根据题干交代的信息，乙公司对A、B负担交付房屋并移转所有权的合同义务后，乙公司向F出售房屋的行为未导致乙公司责任财产减少（以合理的价格出售），不会因此影响A、B对乙公司债权的实现，根据《民法典》第539条的规定，A、B不享有债权人撤销权，无权诉请法院撤销乙公司与自然人F之间的房屋买卖合同。

学有所悟：

7. 自然人F所购房屋的实际面积、房型设计、容积率、配套设施等与广告宣传有很大差距，对此，F是否有权依据《消费者权益保护法》对乙公司主张标的额三倍的惩罚性赔偿金？

【个人作答】

【考点】惩罚性赔偿责任

【采点得分答案】自然人F是否有权依据《消费者权益保护法》对乙公司主张标的额三倍的惩罚性赔偿金，对此有争议，主要有两种观点。①观点一：该观点主张，经营者乙公司向F出售房屋时故意就房屋面积、容积率、配套设施等作虚假陈述，成立欺诈，消费者F以生活消费为目的购买商品房，F除有权请求乙公司承担补偿性损害赔偿责任外，根据《消费者权益保护法》第55条第一款的规定，F还有权请求乙公司承担标的额三倍的惩罚性赔偿。②观点二：该观点主张，虽然经营者乙公司向F出售房屋时故意就房屋面积、容积率、配套设施等作虚假陈述，成立欺诈，但根据《消费者权益保护法》的立法意旨，房屋买受人F不能被认定为《消费者权益保护法》上的“消费者”；同时，由于房屋价值巨大，房屋价值三倍的惩罚性赔偿责任与经营者乙公司实施的一般欺诈行为之间严重不相称，因此，即使将房屋买受人F定性为《消费者权益保护法》上所谓的“消费者”，也不应轻率支持F对乙公司标的额三倍的惩罚性赔偿责任的请求。

学有所记：

【解析】①《消费者权益保护法》第55条第一款规定：“经营者提供商品或者服务有欺诈行为的，应当按照消费者的要求增加赔偿其受到的损失，增加赔偿的金额为消费者购买商品的价款或者接受服务的费用的三倍；增加赔偿的金额不足五百元的，为五百元。法律另有规定的，依照其规定。”据此，消费者有权对经营者主张标的额三倍的惩罚性赔偿，要件有三：第一，一方为经营者，一方为消费者；第二，消费者以生活消费为目的购买、使用商品或者接受服务；第三，经营者的欺骗行为成立民法上的“欺诈”。

学有所悟：

②乙公司向F出售房屋时，基于欺诈的双重故意，故意告知虚假事实（房屋的实际面积、房型设计、容积率、配套设施等），使F陷于错误认识并因此作出不真实的意思表示，乙公司的行为成立欺诈。遭受欺诈的F是否有权依照《消费者权益保护法》第55条第一款的规定对实施欺诈

学有所记：

学有所悟：

的乙公司主张标的额三倍的惩罚性赔偿，一直有争议，主要有两种观点。观点（一）：不能（无权）。理由：第一，司法实践遵循的裁判标准一直不承认；第二，购买商品房的自然人是否属于《消费者权益保护法》上的“消费者”存有疑问；第三，商品房价值较大，标的额三倍的惩罚赔偿责任过于巨大，难谓公平。观点（二）：可以（有权）。理由：第一，《消费者权益保护法》并未明确排除购买商品房的自然人有权依据《消费者权益保护法》主张惩罚性赔偿责任；第二，将生活消费为目的购买房屋的自然人定性为《消费者权益保护法》第2条规定的“消费者”，不存在理论上的障碍；第三，符合《消费者权益保护法》规定惩罚性赔偿责任的立法目的，且有利于阻吓司空见惯的房地产开发企业欺诈。

③须注意：(a)《商品房买卖解释》于2020年12月23日被修改前，具有原《商品房买卖解释》第8条、第9条和第14条规定的“七种情形”之一的，买受人有权主张“不超过已付房款”的惩罚性赔偿责任。(b)《商品房买卖解释》于2020年12月23日被修改后，《商品房买卖解释》第8条、第9条和第14条的规定均被“删除”。因此，商品房买受人可否主张惩罚性赔偿，不能再从《商品房买卖解释》寻找依据。

8. 若自然人F起诉乙公司后申请鉴定，乙公司对鉴定结论提出异议并申请重新鉴定，法院应如何处理？为什么？

【个人作答】

【考点】鉴定异议

【采点得分答案】略。

【解析】略（第 8 问仅涉及民诉考点）。

9. 乙公司自己是否有权撤销对“青少年成长基金会”的捐赠？为什么？若乙公司丧失债务偿还能力，乙公司的债权人是否有权诉请撤销乙公司对“青少年成长基金会”的捐赠？为什么？

【个人作答】________________________________________

________________________________________

________________________________________

________________________________________

________________________________________

【考点】赠与人的任意撤销权；债权人撤销权

【采点得分答案】①乙公司无权撤销对“青少年成长基金会”的捐赠。理由在于：乙公司对“青少年成长基金会”的赠与合同，属于依法不得撤销的具有救灾、扶贫、助残等公益、道德义务性质的赠与合同，根据《民法典》第 658 条第二款的规定，赠与人乙公司不享有任意撤销权；同时，受让人“青少年成长基金会”亦未实施《民法典》第 663 条规定的行为，赠与人乙公司也不享有法定撤销权。

②乙公司的债权人有权诉请撤销乙公司对“青少年成长基金会”的捐赠。理由在于：乙公司对其债权人负担债务之后，无偿向“青少年成长基金会”赠与财产，该赠与行为导致乙公司的责任财产减少，造成乙公司丧失债务偿还能力，影响债权人债权的实现，根据《民法典》第 538 条的规定，乙公司的债权人可行使债权人撤销权，诉请法院撤销乙公司对“青少年成长基金会”的捐赠。

【解析】①（a）《民法典》第 658 条第一款规定：“赠

学有所记：

学有所悟：

学有所记：

学有所悟：

与人在赠与财产的权利转移之前可以撤销赠与。”《民法典》第658条第二款规定：“经过公证的赠与合同或者依法不得撤销的具有救灾、扶贫、助残等公益、道德义务性质的赠与合同，不适用前款规定。”《慈善法》第41条第一款规定：“捐赠人应当按照捐赠协议履行捐赠义务。捐赠人违反捐赠协议逾期未交付捐赠财产，有下列情形之一的，慈善组织或者其他接受捐赠的人可以要求交付；……（一）捐赠人通过广播、电视、报刊、互联网等媒体公开承诺捐赠的；（二）捐赠财产用于本法第三条第一项至第三项规定的慈善活动，并签订书面捐赠协议的。”据此，乙公司与“青少年成长基金会”之间的赠与合同，属于“依法不得撤销”的赠与合同，赠与人乙公司不享有赠与人的“任意撤销权”。

（b）《民法典》第663条第一款规定：“受赠人有下列情形之一的，赠与人可以撤销赠与：（一）严重侵害赠与人或者赠与人近亲属的合法权益；（二）对赠与人有扶养义务而不履行；（三）不履行赠与合同约定的义务。”据此，赠与人乙公司亦不享有赠与人的“法定撤销权”。

②《民法典》第538条规定：“债务人以放弃其债权、放弃债权担保、无偿转让财产等方式无偿处分财产权益，或者恶意延长其到期债权的履行期限，影响债权人的债权实现的，债权人可以请求人民法院撤销债务人的行为。”据此，债务人无偿处分其财产的，债权人享有债权人撤销权的要件有二：第一，债权人对债务人的债权合法、有效；第二，债务人对债权人负担债务之后，实施了导致其责任财产减少，无偿处分财产的行为，并因此影响债权人债权的实现。乙公司负担债务之后，对“青少年成长基金会”无偿赠与，导致乙公司的责任财产减少，并因此无力清偿对外负担的债务，乙公司的债权人享有债权人撤销权，有权诉

请法院撤销乙公司与“青少年成长基金会”的赠与合同。

10. 若乙公司未对戊偿还到期债务，丑为了自己的房屋不被执行，替乙公司偿还了1500万元的债务，丑能否向子主张权利？为什么？

【个人作答】

【考点】混合担保

【采点得分答案】乙公司对戊负担的债务，子提供保证担保，丑提供抵押担保，成立混合担保。若乙公司未对戊偿还到期债务，抵押人丑对戊承担抵押担保责任或者代为清偿责任，由于“子与丑彼此不知情”，根据《民法典担保制度解释》第13条的规定，由于子、丑未约定相互追偿及分担份额，子、丑未约定承担连带共同担保，子、丑亦未在同一份合同书上签字、盖章或者按指印，因此，丑只享有对乙公司的追偿权，不享有对保证人子的追偿权（分摊请求权）。

【解析】①乙公司对戊负担的债务，子提供人保，对戊承担保证责任；丑提供物保，以其房屋为戊设立抵押权，根据《民法典》第392条的规定，成立混合担保。

②《民法典担保制度解释》第13条第一款规定：“同一债务有两个以上第三人提供担保，担保人之间约定相互追偿及分担份额，承担了担保责任的担保人请求其他担保人按照约定分担份额的，人民法院应予支持；担保人之间约定承担连带共同担保，或者约定相互追偿但是未约定分担份额的，各担保人按照比例分担向债务人不能追偿的部

学有所记：

学有所悟：

学有所记：

分。"《民法典担保制度解释》第13条第二款规定："同一债务有两个以上第三人提供担保，担保人之间未对相互追偿作出约定且未约定承担连带共同担保，但是各担保人在同一份合同书上签字、盖章或者按指印，承担了担保责任的担保人请求其他担保人按照比例分担向债务人不能追偿部分的，人民法院应予支持。"《民法典担保制度解释》第13条第三款规定："除前两款规定的情形外，承担了担保责任的担保人请求其他担保人分担向债务人不能追偿部分的，人民法院不予支持。"

③虽然子、丑对戊成立共同担保，但根据题干交代的信息，"子、丑彼此不知情"，因此，双方既未约定相互追偿及分担份额，亦未约定承担连带共同保证，又未在同一份合同上签字、盖章或者按指印，因此，丑对戊承担责任后，丑只能向债务人乙公司全额追偿，无权向提供担保的第三人子追偿，无权请求子分摊。

学有所悟：